Las Damitas Histeria

B DE BLOK

El papel utilizado para la impresión de este libro ha sido fabricado a partir de madera procedente de bosques y plantaciones gestionadas con los más altos estándares ambientales, garantizando una explotación de los recursos sostenible con el medio ambiente y beneficiosa para las personas.

Las Damitas Histeria
¿Tú eres una histeriquilla o él es un eneje?

Primera edición: febrero, 2025

D. R. © 2025, Veronica Monti
D. R. © 2025, Bárbara Malacara

D. R. © 2025, derechos de edición mundiales en lengua castellana:
Penguin Random House Grupo Editorial, S. A. de C. V.
Blvd. Miguel de Cervantes Saavedra núm. 301, 1er piso,
colonia Granada, alcaldía Miguel Hidalgo, C. P. 11520,
Ciudad de México

penguinlibros.com

D. R. © 2025, Santiago Yrigoyen Vázquez, por ilustraciones de interiores
D. R. © 2025, Cynthia Castañeda, por diseño de interiores y maquetación

Penguin Random House Grupo Editorial apoya la protección del *copyright*.
El *copyright* estimula la creatividad, defiende la diversidad en el ámbito de las ideas y el conocimiento, promueve la libre expresión y favorece una cultura viva. Gracias por comprar una edición autorizada de este libro y por respetar las leyes del Derecho de Autor y *copyright*. Al hacerlo está respaldando a los autores y permitiendo que PRHGE continúe publicando libros para todos los lectores.

Queda prohibido bajo las sanciones establecidas por las leyes escanear, reproducir total o parcialmente esta obra por cualquier medio o procedimiento, incluyendo utilizarla para efectos de entrenar inteligencia artificial generativa o de otro tipo, así como la distribución de ejemplares mediante alquiler o préstamo público sin previa autorización.
Si necesita fotocopiar o escanear algún fragmento de esta obra diríjase a CeMPro
(Centro Mexicano de Protección y Fomento de los Derechos de Autor, https://cempro.org.mx).

ISBN: 978-607-385-064-3

Impreso en México – *Printed in Mexico*

Índice

Introducción   9

CAPÍTULO 1
La familia   13

CAPÍTULO 2
Las amigas   35

CAPÍTULO 3
Los amigos tu plan de negocios   59

CAPÍTULO 4
La escuela ele a tus números   83

CAPÍTULO 5
Vida laboral tu plan de negocios   107

CAPÍTULO 6
Yo, histeriquillo y eneje   133

Introducción

Querido damito o damita que abres este bello libro por primera vez:

Ojalá te sientas tan emocionado como nosotras al tener entre tus manos este hermoso objeto con páginas llenas de reflexión y, por qué no, también diversión, porque nos la pasamos muy bien escribiéndolo. Con este libro queremos ofrecerte una guía orientativa para conocerte a través del error del otro (que eso es muuuy fácil, ¿no?) y también cuando ese error viene de uno mismo, con mucha honestidad, aunque duela.

Te vas a dar cuenta de que es una guía para nuestras damitas, damitos y damites, para aprender a identificar al eneje en cualquier área de tu vida. El camino hacia el amor propio está construido de muchas cosas, los límites a veces se ponen de adentro hacia afuera, y otras, de afuera hacia adentro, y por eso creemos que el libro puede ser una herramienta para detectar esas red flags que son muuuy obvias y aun así nos negamos a ver, las red flags de otros y también las que viven en nosotros mismos.

Para nosotras, equilibrar nuestro lado más eneje y los momentos como histeriquillas ha sido una constante búsqueda, hemos aprendido mucho de todo tipo de situaciones, incluso de nosotras como Damitas. En este mundo lleno de histeriquillos e histeriquillas, el camino de Las Damitas Histeria es un encuentro con nosotras mismas para darnos cuenta de que por primera vez podemos ser tal cual nos gusta, y de esa manera ayudar a otras personas, o sea, a ustedes, que son quienes nos abrazan y llenan de aprendizaje. Este camino ha sido mágico.

Parte de ser una buena damita se trata de abrazar tus momentos histeriquillos y tus momentos enejes, porque finalmente somos humanos, cometemos errores y no creemos que haya una persona en el mundo que pueda jactarse de no haber tenido un arranque de celos, de ira, de frustración o llanto. Esos momentos de histeriquillo y eneje te construyen como persona y te permiten ser una damita o un damito, porque no hay luz sin sombra ni error sin acierto. El hecho de que siempre estemos en una constante construcción de nosotros mismos y conscientes de que la vida también es ensayo y error, todo eso es lo que nos da muchas lecciones. Ser una damita o un damito es abrazar lo que fuiste y lo que eres y también lo que serás, es reconciliarte con tu parte más eneje.

Pero tampoco nos pasemos de enejes. Hay cosas que pueden detonar esos momentos y son los que hay que identificar, como cuáles son las palabras o acciones incorrectas que te llevarán al límite. El control para reaccionar de cierta manera siempre lo tienes tú y eso no se te debe olvidar, aunque algunas situaciones no estén en tus manos. En el momento en que algo se nos sale de control o no es como lo imaginamos, deseamos o planeamos, ahí puede surgir tu parte más histeriquilla o controladora. Ser histeriquillo o eneje es como ver en retrospectiva todo el tiempo y esto se convierte en una herramienta para cambiar tus reacciones poco a poco, claro, si es que quieres cambiarlas, porque dejar de ser o seguir siendo histeriquillo o eneje es una decisión personal.

Recientemente, con los viajes y eventos que hemos tenido con Las Damitas Histeria, muchos de ustedes nos han regalado libros, y sentimos que hacer eso es como regalar un pedacito de tu corazón, porque un libro es algo muy hermoso y darlo es un gran gesto de amor. Era importante para Las Damitas Histeria dar este paso, poner en palabras impresas y crear un hermoso libro con algo que nosotras pensamos y hemos compartido con ustedes en otro formato: ten un pedacito de mí y regresa a él cuando sientas que te hace falta. Esto es como volver en el tiempo, como cuando estábamos en la escuela y necesitábamos esos apuntes para revisar aquellas cosas que los

profesores nos dijeron y nos hizo clic inmediatamente y vale la pena revisar una que otra vez para que no se olvide

Gracias por acompañarnos en este viaje lleno de aprendizaje, de risas y de mucha reflexión. Ojalá estas páginas te llenen el corazón, como a nosotras nos ha llenado ser Las Damitas Histeria.

Vero y **Bárbara**

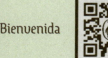

Bienvenida

CAPÍTULO 1
La familia

¡Holiiiii, holi, hooooliiii! ¡Holi! Aquí te vamos a demostrar por qué el árbol familiar también se poda.

Empezamos fuerte. De por sí este tema da para mucho y lo hemos tocado varias veces con ustedes, damitas y damitos, porque si queremos llegar al origen de la enejitud, pues también hay que ver de dónde viene Ramiro, quién le puso esas ideas sobre la mesa o cómo y por qué aprendió que la ternura se demostraba de esa manera. A veces nos topamos con gente histeriquilla o eneja a la que se le da serlo de forma natural, por lo que nos preguntamos si así nacieron o solo se formaron (o deformaron).

Es súper difícil decir sí o no al hecho de que la enejitud se aprende en familia, y esto es muy fuerte, porque tanto ser eneje como nuestra personalidad se van alimentando de nuestro entorno y momentos determinantes en la vida. El hecho de que nosotras seamos mujeres de treinta y tantos y con entornos similares nos hace afines ahora, pero Bárbara y yo venimos de familias súper diferentes, con papás que piensan de modo distinto, nos educamos en escuelas distintas y tuvimos una educación también súper distinta, y al final el día de hoy coincidimos y la amistad existe por decisión propia. Ser eneje se alimenta de tu relación en los diferentes círculos sociales en los que creces, y el principal siempre va a ser la familia, porque de ahí vienes.

Las personas, o repiten lo que ven o se van al lado opuesto de lo que traen de origen, pero siempre es mucho más complejo. No siento que siempre pueda ser una elección al inicio, como que esto te tocó y para allá vas; aquí no funciona como sombrero seleccionador de Hogwarts. Muchas veces los cambios son dependiendo de tu circunstancia y del momento en el que pasa algo. A lo mejor vienes de una familia terrible y creces con un corazón hermoso, empático, respetuoso, pero también es muy fuerte porque te vas a sentir diferente a tu primer núcleo, y es lógico que, aunque sepas que hay cosas en ellos que no te gusten, quieras su aprobación o estar bien con ellos, porque al final son tu familia, a pesar de que internamente sientas que no encajas ahí. Entonces tu decisión de ser o no como ellos se pone más difícil.

> **Frases de Bárbara**
>
> Hablar de la familia también es abrazar a tu niño interior. Hay muchas cosas que tenemos como adultos que son culpa, o más bien, tienen su origen en lo que sucede en la infancia, con todo y sus traumas.

Pero uno también tiene la capacidad de tomar o no lo que ve en su familia. Hay unas donde aceptan a las amantes de los primos y los tíos, donde las faltas de respeto están todo el tiempo y quizá no lo ves mal porque ya lo normalizaste, pero hasta que sales de ese núcleo te das cuenta de muchas cosas y de que, aunque no lo hagas pero con el simple hecho de pasarlo por alto, lastimas a otras personas. Es como ser un eneje de pasada.

A veces vivimos repitiendo una y otra vez lo que hemos visto en casa, pero también está el otro lado de la moneda: no queremos repetir patrones y hacemos todo lo contrario, por querer ser opuestos a nuestros padres y a toda la estructura familiar; nos vamos al extremo y cometemos otros errores, porque no estamos en un terreno neutro y de reflexión o aceptación de las cosas en las que nos equivocamos. Somos reactivos y viscerales y nos convertimos en enejes por no encontrar el punto medio. Resulta un poco fácil decir: "No quiero parecerme a mis papás en nada y no quiero hacer nada como ellos lo hicieron", y a lo mejor te estás quitando de encima las cosas buenas, porque algo sí es cierto, y es que los papás no hacen todo absolutamente bien o absolutamente mal, siempre hay cosas que pueden rescatarse y otras que es mejor cambiar, pero para eso se necesita tener mucho criterio.

En familia tenemos distintas dinámicas que nos hacen enejes con los demás. A veces normalizamos la enejitud y así salimos a convivir con otros, creyendo que porque está normalizado en casa, lo está en todas partes. Demostrar nuestros sentimientos también es un asunto de contexto y educación, porque a los hombres se les permite ser un poco más reactivos, incluso agresivos, y mostrar su malestar cuando están tristes, reprimidos, molestos o frustrados. Ese extremo de ira está mal pero forma parte de algo que aprendimos, al menos nuestra generación, y afortunadamente ya va cambiando. Para ser eneje se necesita haber vivido muchas cosas, reconocer qué hubo de malo en tu primer núcleo, que es la familia, pero también lo bueno, y ser conscientes de que, si tomas decisiones con conocimiento de causa, cualquier cosa ya es

---

Basta de falacia: Según la Comisión Nacional de los Derechos Humanos (CNDH), en México hay varios tipos de familia, desde la nuclear sin hijos, solo la pareja, hasta la que no tiene núcleo pero siguen siendo familia, como dos hermanos o tía y sobrino, o las sociedades de convivencia. Vale la pena conocerlas y respetar sus derechos.*

responsabilidad tuya. Para dejar de ser eneje es necesario precisamente identificar cada una de estas cosas que te incomodan pero que sabes que influyen en tu vida porque no están trabajadas.

Nosotras fuimos parte de una generación a la que no orientaron para reconocer ciertos sentimientos, y pasa que tienes negro y blanco, bueno o malo. A las mujeres nos enseñaron a llorar y que el único sentimiento permitido para demostrar tu malestar era la tristeza, y muchas veces lloramos y alguien te dice "ay, no estés triste", pero es que no estás triste, sino enojada. Históricamente no sabemos cómo expresar ese enojo, simplemente lloramos, y luego, cuando nos sentimos felices, también lloramos. No es que esté mal llorar, pero también deberíamos poder expresar todos nuestros sentimientos de muchas maneras.

Hemos platicado que a veces los traumas e inseguridades vienen desde la infancia o de los años más difíciles, que son los que pasamos en el núcleo familiar. Los apodos que te ponen en casa, la manera en la que te hablan, la aprobación o desaprobación hacia ti o tu cuerpo; por ejemplo, si te apodan "la cachetona" y tú ya les dijiste que no te gustan los apodos ni que te llamen así, que no consientes las burlas y se siguen burlando, eso no es un asunto menor o que deba pasar desapercibido, porque es súper agresivo y te vulnera. Las microviolencias, como las que acabamos de mencionar, no son chistosas, no dan risa, no te hacen mejor que el otro, sino un eneje, Ramiro.

Y de micro no tienen nada porque te hacen sentir mal. Por ejemplo, esos comentarios que se dan en el preciso momento en que tienes algo importante que compartir con tu familia. Es muy común con las personas lgbtq+ que quieren abrirse y salir del closet con su familia y tienen miedo de hacerlo porque saben cómo son los papás, los tíos, los abuelos, y no falta quien te diga: "Es que seguramente odias a los hombres y por eso te gustan las mujeres", que ¡nada que ver!, pero para ellos es un argumento. Lo único que demuestran es que son ejenes y, peor: son intolerantes.

Vero: Nuestros papás, sin quererlo y sin afán de echarnos a perder la vida, son los primeros que nos crean inseguridades. Estas son microviolencias, se van acumulando y pueden causar un gran daño, porque te conviertes en una persona con la autoestima baja, y salir de eso cuesta muchísimo trabajo, porque quizá ya lo tienes tan normalizado que ni siquiera te das cuenta de que está mal o que nadie tiene derecho a hacerte sentir así. Si alguien es eneje contigo, simplemente eso no se deja pasar.

Yo creo que tuve una infancia privilegiada, pero hasta cierto punto. Digamos que algunas cosas estaban cubiertas y otras no. A la generación de nuestros padres les cuesta mucho trabajo entender que sí estuvieron ahí y, al menos en mi caso, no me hizo falta nada material, pero hubo otras carencias que hoy en día las estoy resintiendo. Yo tengo hermanos mayores y eso siempre es todo un tema en las familias, porque se dan las comparaciones, que de una forma u otra son un reflejo de lo que tus papás quieren ver en ti versus la realidad.

Las altas expectativas que los papás proyectan en sus hijos tienen que ver con sus sueños, con lo que ellos quisieron y no hicieron, y muchos de ellos, cuando tienen oportunidad, se los pasan a sus mijitos. Si no nos permiten construirnos y desarrollarnos a nosotros mismos con lo que tenemos y nos apasiona, sus herramientas tampoco nos ayudan emocionalmente.

Las expectativas que ponen en nosotros también son una forma un poco violenta de mostrarte si están de acuerdo o no con quién eres. En mi caso, siempre me dijeron que iba a lograr cosas enormes porque era la hija más aplicada y simplemente no sucedió lo que esperaban. No porque ahora no sea quien me gusta ser o no tenga algo increíble según esas expectativas, no significa que lo que soy y tengo no cuente, mi vida me encanta, pero en las familias a veces te dicen que esperan muchísimo de ti aunque eso no sea lo que vayas a hacer y ser más adelante.

Otra de las microviolencias de las que nadie se da cuenta hasta que te la dicen como tal es la ley del hielo. Es súper agresiva. ¿Por qué me vas a castigar con no hablarme? Es un clásico, la verdad. En mi casa, en lugar de que me dijeran que a las mujeres se les permite expresarse llorando, era lo contrario, no se llora y punto. Y hoy, para que a mí me veas llorar, uuuy, no, me cuesta mucho trabajo; me oculto, trato de estar sola, de que nadie me vea llorar, porque es algo que no me gusta, no crecí con eso. Nuestros papás son las personas que nos dan las herramientas para que cuando seamos adultos sepamos validarnos ante la vida, y de esas herramientas hay un enorme espectro para escoger.

Hay algo bien importante que no se nos debe escapar cada vez que pensemos en familia, en general, y en nuestra historia de vida en particular. Sabemos que muchas personas pueden dar testimonio de cosas totalmente distintas y nos alegra que también haya casos donde las familias han sido espacios seguros y de respeto. Ustedes nos han contado un poco de todo, pero si solo fuera así, tampoco habría tema, ni traumas, ni histeriquillas, y a nosotras nos gusta platicar sobre esto porque consideramos que aún queda mucho por sanar para muchas de nosotras y entre todas nos acompañamos.

Parte de lo que nos enseñan en casa son los límites. Quizá no los mencionan como lo que son, pero los aprendemos de una forma u otra o todo lo contrario, ni siquiera los conocemos cuando dañamos a alguien más o cuando otra persona nos hace daño. En mi caso, muchas cosas vienen desde la infancia: estoy yendo a terapia y a través de ella supe que tiendo a no sentirme suficiente, y con la psicóloga me di cuenta de que es desde chiquita, porque cada vez que llegaba con algo que consideraba importante, como las buenas calificaciones, mi papá me decía que era lo que debía hacer porque era mi única obligación.

Y puede parecer que no tiene importancia, pero claro que la tiene, porque vas creciendo con estas como heriditas que se forman desde pequeño. Nuestra generación apenas se está abriendo a tener terapia, porque cuando estábamos más chiquitos oíamos tooodo el tiempo que solo los locos van a terapia, cuando es algo que todo mundo necesita porque heredamos los problemas y traumas de nuestros propios padres, como ellos los heredaron de nuestros abuelos.

Yo creo que para mí ha sido mucho más complicado ponerle límites a mi familia de lo que me ha sido ponérselos a otras personas, porque siempre te detienes a pensar en el otro antes de pensar en ti. Las dinámicas familiares tienen una capacidad de regresión en uno y a veces ni te das cuenta. El año pasado me peleé con mi mamá y recuerdo que yo estaba en mi casa llorando, pero llorando con ganas, como cuando no puedes calmarte, y te juro que hacía mucho tiempo que no lloraba así; este llanto es algo que solo mi mamá me ocasiona. Y yo siento que empezar a poner límites tiene que ver con empezar a estar en control de la situación, como decir que voy a ver a mi mamá y aunque sé que peleamos, de verdad quiero estar con ella porque casi no nos vemos, y estar juntas en un ambiente neutral. Es un ejemplo, yo no me peleo tanto con mi mamá, pero más o menos así funciona.

Se habla mucho de poner límites con tu familia, pero tampoco es tan sencillo. Yo estoy en el proceso. Vengo de una familia muy chiquita: mamá, papá, hermana y yo; entonces de mi papá vi que era una persona súper invasiva, y de mi mamá, que siempre quisiera estar cerca y saber todo lo que yo hiciera. Yo entiendo que nuestros padres, muchas veces y desde el amor o lo que ellos asumen que es un amor incondicional, quieren cuidarnos todo el tiempo, a pesar de que nosotros necesitamos cometer nuestros propios errores y aprender de ellos, si es el caso. Para mí poner límites ha sido algo muy difícil pero también muy liberador.

Creo que el simple hecho de sentirme en control de la situación, mediar y llegar a acuerdos donde todos estemos bien, me ayudó mucho a que también mi familia intentara disfrutar esos momentos en los que pueden pasar cosas padres si dejamos de lado pelearnos o querer tener siempre la razón. Pero, ojo, esto no significa que solo tú tengas el control y entonces quieras usar la situación como mejor te convenga, sino que entre todos puedan llegar a acuerdos y pasársela en paz.

En familia a veces tenemos una opinión para todo y la damos sin tener en cuenta qué siente o piensa el otro. En cuestiones del cuerpo, a mí me encantan los tatuajes, tengo veinticuatro y hasta hace muy poco mi papá se enteró, y me di cuenta en terapia de que no estaba mal que lo supiera porque a esta edad, siendo una mujer totalmente independiente, ¿por qué tendría que pedirle permiso o que lo validara si es algo que a mí me gusta? En mi lucha por poner límites con mis papás, de nosotros señalarlos (porque ellos ya nos señalaron), es mejor simplemente decir: "No te voy a juzgar, no te voy a decir qué hiciste mal todos estos años, pero tampoco me juzgues y déjame crecer. En algún momento necesitaré su abrazo y te diré que la cagué, pero hoy déjame equivocarme y hacer las cosas mal, si es que las tengo que hacer mal, pero déjame decidir".

De por sí las familias son súper complejas, y estoy segura de que ninguna es ideal, aunque nos pinten que las que son de esta forma y con estas características funcionan mejor. Con los hermanos pasa algo muy curioso, y es que las peleas más hirientes son con ellos. El simple hecho de que un insulto venga de alguien más y ese mismo venga de tu hermano, 100% te va a llegar más y te cala más hondo cuando te lo diga tu hermano. Y nosotros también podemos reaccionar de forma hiriente. Es una relación bien compleja y solo funciona si pones límites: estoy aquí para ti siempre, pero no puedes decirme ese tipo de cosas porque me hacen daño.

Aunque poner límites también está en no hacer cosas con las que no te sientes cómoda, por ejemplo, y esta es una clásica, la típica frase: "Las cosas se perdonan porque somos familia". Y no, no es cierto. Si esa cosa o asunto que para ellos no tiene importancia, por más eneje que sea, porque forma parte de su sistema, pero te causa malestar, simplemente no tienes por qué dejarla pasar. Desde nuestra realidad en este momento, sabemos que no es 100% culpa de nuestros papás habernos educado de esa manera o con carencias emocionales, porque a nadie le enseñan a ser papá, hacían lo que podían con las herramientas que tenían. Pero si uno al día de hoy, con tanto acceso a la información, y muchos de nosotros, con la posibilidad de dar un paso para mejorar el presente, decidimos no tomar acción, entonces estamos de acuerdo con seguir repitiendo los mismos errores y traumas que nos heredaron.

Frases de Bárbara

A veces en las familias no se nos permite la parte de la evolución: "Yo ya no soy la persona que conociste", porque pasan mil cosas que nos distancian. Pero también es momento de conocerse y reconocerse desde otro lugar, como la amistad y la madurez.

No hay familias perfectas y tampoco nosotros somos víctimas desde el nacimiento. Una también tiene sus momentos enejes, a veces uno tras otro y tras otro, o se vuelve una histeriquilla. ¿Tú ya reconociste cuándo has sido la más eneje del condado?

Creo que nunca, perfecta nací y perfecta quedé. Ja, ja, ja. Es broma, no se crean. Uy, esto da para mucho, también. En este punto de mi vida, a mis treinta y tantos, me doy cuenta de que durante mucho tiempo juzgué a mi mamá por algunas decisiones que tomó cuando mis hermanos y yo éramos niños. Fui una hija eneje que señalaba lo que yo creía que eran errores. Y pienso que muchos papás tienen que lidiar con esa cuestión, ¿quién les enseña a educar correctamente o les dice que jugar al policía bueno y el policía malo no siempre es lo mejor? Al menos en mi caso fue así: pensaba que mi mamá era la policía mala porque ella se encargaba de la disciplina y que mi papá era el policía bueno porque dejaba pasar muchas cosas.

Ahorita, ya como adulta, entiendo varias cosas por las que ella tuvo que pasar sola y la comprendo mucho mejor, pero hemos tenido que hablar de esto desde la madurez y veo mis momentos de hija eneje, porque uno también puede tener sus ratos de enejitud desde la infancia. Y tú los has dicho mucho en el pódcast, Vero, las mamás también ven cómo resolver en el momento con lo que tienen, con su conocimiento que puede ser súper limitado si son madres jóvenes y aprenden en la práctica. Por ejemplo, la mía, a mi edad, ya tenía tres hijos y yo aquí ando sobreviviendo, peeeero viendo mis errores, porque ya estamos en una época en la que es mucho más común reconocer la enejitud propia.

Basta de falacia: La violencia simbólica es la base de todos los tipos de violencia; a través de las costumbres, tradiciones y prácticas cotidianas se refuerzan y reproducen las relaciones basadas en el dominio y la sumisión.**

Pues qué te digo, yo sí tuve mis rachas de vieja eneja, perdón a los afectados. Y me da gusto ahora reconocer que fui bastante eneje, imagínate que anduviera por la vida creyendo que no tuve mis momentos, que la verdad, sí fueron varios. Recuerdo uno de mis brotes más enejes, cuando tenía 13 años. Para todo esto, por si usted, amable lector, no lo sabe, mi mamá me tuvo muy chiquita, a los 16 años, y durante bastante tiempo yo fui su única amiga, porque mi papá la limitaba mucho con sus amistades y mi mamá ni siquiera salía de la casa.

Entonces, recuerdo súper bien que ahí hubo un tema de violencia cuando yo era niña, pero eso simplemente se dejó pasar una vez. Y luego otra. Y otra. O sea que el sufrimiento tanto de mi mamá como el mío, quedaron de lado, todo seguía como si nada porque la violencia continuaba. Juzgué horrible a mi mamá, de verdad horrible, y en uno de mis diarios escribí que la odiaba. A mis 13 años me sentía herida por ambos, pero al final mi educación machista fue la que ganó y la ataqué, la hice sufrir con esas palabras de odio cuando las leyó, porque en lugar de reclamarle a quien ejercía la violencia, me molestaba con quien la recibía.

Qué fuerte. De por sí uno a los 13 no sabe ni quién es, dónde está ni cómo manejar las emociones, mucho menos ante una situación así. Y tu mamá era bastante joven, había pasado por mucho desde bien chiquita. Como nos has dicho otras veces, era casi una niña cuidando de una bebé.

Exacto, yo simplemente saqué mi coraje escribiendo en el diario, y cuando ella lo leyó, te juro que se quería morir. Esto es algo que ya hemos hablado y trabajado las dos, pero ha sido una de las cosas que más le han dolido en la vida: leerme tan enojada con ella cuando, en realidad, mi mamá era quien no sabía qué hacer, si salirse de ahí con una hija adolescente y otra chiquita y sin herramientas de vida, porque no tuvo oportunidad de adquirirlas. Hoy reconozco mi enejitud, pero estaba en un ambiente donde eso era lo que había. Me doy cuenta de que en su situación probablemente yo hubiera hecho lo mismo.

Estamos navegando en cuestiones generacionales. Lo hemos platicado con ustedes en algunos episodios, tenemos hermanas a las que les llevamos nueve años y ellas no tuvieron los papás que nosotras tuvimos, y aunque esos nueve años no suenen a taaanto tiempo, quizá los papás tuvieron esos nueve años de aprendizaje o de ver en la crianza de nosotras algo que no repitieron con las que llegaron después. Puede ser que me dé un poco de envidia, pero así son las cosas. Qué bueno que también pudieron y quisieron hacer esos cambios en la crianza. Y luego pienso que los que me tocaron a mí no le tocaron al primero que nació. De cierto modo, mientras más aprendemos de nuestros errores o de lo que hicimos en familia, menos histeria y enejitud replicamos.

Cuando estás expuesto a situaciones familiares que no te gustan, llegado el momento las repites o las cambias. Con mucha frecuencia pasa con amigas, primas, incluso con tu familia nuclear, que tú ves la situación desde fuera y dices: "Wey, no manches, por qué no lo terminas si ya te engañó; déjalo, no va a cambiar; sal de ahí", pero no estamos en esa situación. Y es que en nuestra realidad es bien fácil de hacer, ¿no?: agarras tus cosas y te vas. Pero para quien está en eso no lo es, no conocemos su contexto ni por qué continúa ahí. A veces igual nos preguntan y comentan por qué se normalizan tantas cosas en las familias y lo hemos pensado una y otra vez. Nosotras fuimos parte de una generación que creció con el putazo barato, era común, pero eso no significa que esté bien, no lo estaba en aquella época y nunca lo estará.

Pero también es cierto que no podemos negar nuestra propia historia para hacer sentir bien a alguien más, porque eso fue lo que nos tocó, lo hemos trabajado, lo vemos desde otro punto y hablar de eso no es aceptarlo ni

normalizarlo, es nombrarlo como es y tenerlo presente para que ya no suceda. Si fuiste eneje en familia porque era lo que había, no puedes escapar de ese pasado, pero puede servirte para romper con el ciclo de la enejitud familiar. Y si te libraste de cualquier enejitud, eso es muy padre, pero también vale la pena estar siempre pendiente de no caer en dinámicas enejas ni invalidar las experiencias de otros.

Esto ya se puso intenso, y es que, así como hay familias de todo tipo, hay variedad de emociones, pero cuando hemos platicado con ustedes y nos comparten sus historias, nos damos cuenta de que, en realidad, lo que pensamos de nuestra familia aquí y en China (o desde donde nos escuchen y lean) tampoco es tan diferente. Y como nos propusimos ayudarlos a identificar la enejitud para no caer en ella, también hay que hablar de las RED FLAGS.

Yo creo que las red flags en mi entorno han tenido que ver con el machismo. De una u otra forma hay muchas cosas que se repiten, pero vienen del machismo. Esos comentarios que parecen inofensivos pero no están bien, como decir que si tu primo tiene muchas novias es muy galán, pero si tu prima lleva varios novios a la casa es una chava fácil o no se da a respetar.

Para mí cualquier red flag es ver microviolencias, como la ley del hielo, la manipulación, la pasivoagresividad, las comparaciones, los castigos que a veces tienen que ver con condicionarnos el cariño y son cosas que tenemos muy normalizadas porque se dan en el entorno de las personas que deberían darnos cuidados y amor. Disfrazamos las microviolencias con juegos o bromas, pero no dejan de ser violentas. Además, el amor no es una moneda de cambio.

Encubrir a tus familiares en cualquiera que sea la situación también es una red flag grandotota. A veces, por el hecho de ser familia, tienden a pasar por alto muchas cosas en nombre de la lealtad. Uno no tiene por qué convivir o tolerar algo que le incomoda por el simple hecho de ser familia.

El condicionamiento del amor "por tu bien", o sea, haces lo que yo quiero que hagas porque es por tu bien y te lo digo porque te quiero, y no es así porque en realidad es un control de tu personalidad o tus aspiraciones. Red flag enorme.

Como lo hemos platicado con ustedes a través del pódcast y con los testimonios que nos mandan, la familia es el primer núcleo y el que formará parte importantísima de tu futuro, pero eso no significa que si algo dentro de él no te gusta, no puedas cambiarlo. Al día de hoy, y con tanto conocimiento acerca de las heridas que adquirimos con el tiempo, uno puede voltear atrás y reconocer que ha sido eneje o ha soportado distintas violencias y situaciones difíciles, pero eso tampoco es para siempre. Te das cuenta de cuánto te has movido cuando tienes la capacidad de agradecer lo bueno y también lo malo y continuar con tu vida, equilibrando esos momentos de histeria o enejitud. Todo esto también forma parte de algo mucho más grande: la madurez.

La familia puede ser tan determinante hasta el punto de influir en tus decisiones de vida para bien o para mal, y si no tienes las herramientas para tomar decisiones o dependes totalmente de ellos, encontrar tu camino puede ser muy difícil en un mundo que se pone cada vez más complicado. Pero las decisiones de vida no dependen totalmente de alguien más, también hay que ser maduro, y un primer paso es no echarle la culpa al otro. Por ejemplo, si vienes de una familia donde todos son doctores y eso es súper importante para ellos y a ti te gusta el arte y quieres dedicarte a ser artista, puede ser que te digan: "Qué onda, mijo, ¿y esa enejada?". Suena chistoso, pero muchos de ustedes nos han contado experiencias así y son comunes. O todo lo contrario: vienes de un núcleo de amantes de lo ajeno y tú quieres ser médico, a lo mejor te dicen que qué bueno y te apoyan o todo lo contrario, te dicen que sueñes a tu altura y sigas con la tradición de amar lo ajeno.

Coincido en eso. Es muy eneje que siendo adulto le eches la culpa a tu familia, porque ya pasaste por distintos procesos y tuviste la oportunidad de tomar decisiones, equivocarte y volver a decidir qué hacer, si es que tuviste un aprendizaje. Una cosa es a los 18, cuando todavía no sabes casi nada de nada y en ocasiones dependes de tus papás, pero a los treinta y tantos, si repites "es que así me educaron", eso es no querer asumir las responsabilidades de lo que te toca. También hemos leído muchos casos de personas que se justifican de ser unos enejes y repiten la típica "es que yo engaño porque mi papá lo hizo con mi mamá y seguían juntos". Entonces, Ramiro, no seas eneje. Si viste que tu mamá sufrió, ¿no aprendiste nada? Si tienes un poquito de responsabilidad afectiva, no le vas a echar la culpa a tu papá de todo cada vez que haces algo malo.

Idealmente, en la familia tendría que haber amor, y cuando predomina el miedo, la familia deja de ser tu espacio seguro. Ahora estamos en un momento en el que podemos tomar decisiones para seguir con esas dinámicas o cambiarlas, si es que tenemos las condiciones y seguridad para hacerlo y escoger no seguir siendo histeriquillos o enejes. Hasta este momento adulto nos hemos dado cuenta de que había muchas acciones que valía la pena cambiar, estamos en constante deconstrucción porque es algo que nace de una y es en beneficio también de una misma. Estamos reconociendo a las personas que nos rodean, perdonando lo que fue pero aprendiendo todo el tiempo qué experiencia puede darnos lo que vivimos, y también nos está tocando hablar de ciertos temas. Si en algún momento la pasaste mal, te abrazamos de todo corazón, pero también estamos aquí contigo para seguir adelante. Estamos seguras de que con tanta experiencia detrás, cada aprendizaje nutrirá tu camino y andarás más segura en un mundo donde la enejitud aún no se extingue.

El eneje se construye de muchas cosas: no naces eneje, te vas construyendo con cada vivencia, con el contexto en el que naciste y cómo creciste, cómo viviste la infancia y adolescencia y cómo lidiaste con tus sentimientos y tomaste decisiones.

Ustedes saben que esto no es Las Damitas Histeria si no hay conversación, y esta vez toca hacerlo por escrito, así que vamos a dejarlo plasmado aquí de puño y letra.

Con el paso del tiempo, me he dado cuenta de que en las familias hay MITOS Y REALIDADES:

Mito
Las abuelitas son los seres más lindos y cariñosos del mundo.

Realidad
Las abuelas, como todos los miembros de la familia, pueden quererte o no. El simple hecho de que llegar a una edad adulta te haga un ser tierno y cariñoso, ¡no es cierto!, puedes llegar a viejo y ser un ojete enejísimo.

Mito
Que si en tu casa te hablan con gritos y groserías, en todas es lo mismo.

Realidad
Cada familia es diferente y no pasa naaaada, son sus diferencias y sus características las que las hacen únicas (para bien o para mal).

Mito
Que las mamás solo son mamás, eso las define. Y también a los papás.

Realidad
Nada que ver. Son personas construidas de un montón de cosas. Son seres individuales, con pasiones y cosas que les cagan, y da la casualidad de que también son padres. Hay que darles chance de vivir esa parte de ellos, que ya venía desde antes de ser padres.

Mito
Las mamás y los papás quieren a sus hijos por igual.

Realidad
¡Mentiraaaa! Se sabe que siempre hay un consentido, aunque lo nieguen. ¿Tú eres el consentido, damito o damita? ¿Estás seguro de que de verdad te quieren?

¿Qué **MITOS** y **REALIDADES** has descubierto en esta larga carrera llamada Mi familia me da sorpresas?

Mito	Realidad

Violencias que no son micro

Hablamos un poco sobre las microviolencias, pero es importante saber por qué no son amenazas chiquitas, sino el inicio de algo que puede afectarte para siempre, ya que su presencia y reiteración en distintos aspectos y núcleos de tu vida, como la familia, la pareja, el trabajo y hasta las relaciones con amigos te vulnera a tal punto que tu salud emocional y autoestima pueden estar en juego.

Si bien ser víctima de microviolencias no es algo exclusivo de las mujeres, sabemos que se da con mucha frecuencia hacia el género femenino y otras manifestaciones de género porque se ejercen desde el poder y se alimentan del heteropatriarcado. Quizá conoces a alguien que ha estado en situaciones así o tú mismo has sido víctima de algún eneje supremo que las ha ejercido en tu contra, por lo que te ponemos algunos ejemplos del **violentómetro***** *para que señales los que se te hacen conocidos y así puedas estar alerta si detectas algo contigo o con tus personas cercanas.*

- **El chantaje.** El simple hecho de hacerte sentir culpable por algo que no te corresponde.

- **Los celos.** Y aquí cabe también la frase "te celo porque te quiero". No. Nadie que te quiera te hará sentir insegura a través de los celos.

- **Manipulación.** Como cuando ya decidiste algo y la otra persona insiste hasta que consigue cambiar tu postura.

- **Ridiculizar o humillar.** Desde las "burlas de cariño" hasta los insultos más agresivos.

- **Acechar/Stalkear en redes sociales.** Dejemos de lado que la intensidad es una forma de interés. Si te incomoda, ahí no es.

- **Controlar, prohibir.** Nada de "te lo prohíbo porque te quiero".

- **Empujar, jalonear.** Aunque después de esto vengan las disculpas y las flores, la agresión ya sucedió y un agresor siempre repite.

- **"Caricias" agresivas.** Si te hace daño, no es amor; si ya dijiste que no, es no.

- **Golpear.** Ni siquiera en juego, la violencia no debe tomarse a la ligera.

- **"Sextorsión".** Pedirte algo a cambio de no difundir contenido sexual también es un delito.

- **Abuso sexual.** Cualquier acción sexual sin consentimiento es abuso, no importa si es de un desconocido, un familiar, amigo o la pareja.

- **Amenazas de muerte.** Ninguna debe tomarse a la ligera, esto no es juego.

- **Encerrar, aislar.** Y esto se da desde prohibirte de forma pasiva que veas a tus seres queridos o que no tengas libertad para salir y hacer tu vida.

- **Difusión de contenido íntimo sin consentimiento.** Afortunadamente la ley te protege, y si ya te sucedió, no sientas vergüenza, la culpa es de quien difunde.

- **Mutilación genital.** Lamentablemente sigue vigente en algunos países y atenta contra la salud, dignidad y libertad de las mujeres.

- **Feminicidio.** Es la forma más extrema de violencia y para llegar a ella hay muchos indicadores.

Sabemos que no es fácil reconocer la violencia, pedir ayuda tampoco, pero ante cualquier situación que te vulnere, recuerda que no estás solo, damito o damita.

Poesía de Vero

No importa de dónde vengas
ni a dónde vas,
lo que importa
es que siempre
puedas recordar
que tú puedes podar
tu árbol familiar.

Mándalo a volar
a todo el que te haga enojar,
tía, abuela o papás,
que chingue a su madre quien joda más.

* Tomado de: https://www.cndh.org.mx/sites/default/files/doc/Programas/Ninez_familia/Material/trip-familias-juridicas.pdf
** Tomado de: https://www.gob.mx/conapo/documentos/que-onda-con-la-violencia-simbolica
*** Tomado de: https://www.gob.mx/siap/articulos/un-nuevo-reto-descubrir-las-micro-violencias-que-sufren-las-mujeres-en-la-cotidianidad

CAPÍTULO 2
La pareja

¡Holiiiii, holi, hooooliiii! ¡Holi! Es hora de hablar de que no existe el amor eterno.

Ahora sí, llegamos a un tema fuerte fuerte: la pareja. Nosotras diríamos que estar en pareja es la suma de cinco C: compartir, construir, comunicar, coger... ja, ja, ja, porque si estás ahí sin coger... mmm, ya a estas alturas, no seas raro, Ramiro... ¡No, es broma! La otra es creer, porque es lo que hacemos en pareja: creer en ese vínculo. Claro, cuando te importa. Y como ustedes saben que las Damitas Histeria creemos que el amor viene en muchas formas y hay que esforzarse para tener una mejor versión de él, empecemos rompiendo mitos.

Quiero hablar desde mi posición y teniendo en cuenta lo que he visto, vivido y aprendido: si alguien coincide conmigo, qué bueno; y si también tienen otra visión sobre esto, igual qué bien, porque de eso se trata esta plática. Yo siento que el término pareja está sobrerromantizado. Todos buscamos una pareja bajo la consigna de "vamos a ser felices por siempre". A veces creemos que cuando tengamos una pareja vamos a ser realmente felices y estaremos verdaderamente completos, y dejamos de lado que tener pareja es un constante trabajo en equipo. Romantizar es romper un vínculo antes de tenerlo, porque si no resulta inmediatamente lo que buscabas, pues ya dices que no, cuando en realidad estar en pareja es trabajar mucho de forma individual y entre los dos. He convivido con parejas exitosas que llevan mucho tiempo juntos, pero porque realizan un trabajo constante, no solo entre ellos como una pareja, sino de manera individual, pongo de ejemplo tu relación porque cada uno atiende su salud mental.

Sí, eso ha sido fundamental. Hay momentos en que uno no está bien ni consigo mismo y quiere ir a contagiarle sus males a otro; pues no, primero hay que arreglar los temas personales, y si todo está bien o trabajándose, entonces sí, a juntar voluntades. Es un trabajo desde el amor, el propio y el que quieres compartir.

El amor puede sacar tu lado más histeriquillo y el más eneje. Cuando te vuelves más inseguro y codependiente o necesitado, tiene que ver con el amor, pero también cuando te vuelves cruel, grosero con otra persona o inaccesible. Incluso lo hemos visto en las películas: cuando el malo es malísimo, perverso y vengativo, tiene esa historia de desamor detrás. Entonces ¿el amor es bueno o malo? El amor tendría que ser una forma de estar bien contigo y con el otro, si es que quieres compartirlo, pero está tan distorsionado que en nombre del amor suceden todo tipo de cosas terribles o se justifican actitudes como esta.

Nosotras, que estamos pasando los treinta, venimos de una generación que creció y se educó con la televisión, viendo y replicando esos roles que nos hicieron creer que nos correspondía seguir con la misma línea. Todo lo que tiene que ver con cómo se ve el amor, cómo tenemos que vernos nosotros, una familia, el romance, toooooodo eso fue alimentado por lo que vimos. Desde niñas ya lo teníamos ahí y muchas lo aprendimos como si fuera la única opción, o la más válida, y al día de hoy luchamos constantemente por reconocer que eso no es lo único que existe, y aunque hoy quizás estemos mucho más deconstruidos o hemos leído mucho sobre parejas, hemos tenido experiencias o ido a terapia, de forma inconsciente buscamos o replicamos lo primero que aprendimos. Después de que comprendes toda la falacia del pasado, viene el trabajo fuerte, que es reconocer que si no está bien hay que trabajar en ello, y queridos damitos y damitas, eso cuesta un buen.

Las manifestaciones de amor o la forma en que lo vivimos siempre cambian. Como algunos saben, yo pasé mucho tiempo en pareja, más de diez años, de mis veintes, que fueron una etapa importantísima, hasta hace muy poco, y ese cambio de forma de vida también me ha permitido ver las cosas de manera diferente. Cuando estás soltero, tus amigos y la gente que te rodea te dice: "Ya llegará, ya llegará ese amor", precisamente porque tooooodo mundo tiene la idea de que cada persona tendrá ese amor bonito y de película, ¡y no! Probablemente nunca llegue ese amor bonito, quizás haya que matar la esperanza de que llegará la persona perfecta en el momento ideal, porque si solo estamos alimentados del romanticismo y una esperanza que alguien sembró en nosotros es cuando empiezas a agarrar a cualquier eneje.

Ahí se complica todo. Esperas que esa persona que te trató bien, porque que te traten bien es lo mínimo que debe hacer otro ser humano, sea tu pareja ideal o el amor bonito que estabas esperando. Y cuando no resulta así, te sientes el más miserable, porque no te duele simplemente que esa persona no lo sea, sino que aquello que idealizaste no fue como lo habías planeado durante tanto tiempo, incluso antes de conocerlo.

Exacto. Lo hemos visto con personas cercanas, con ustedes en sus testimonios, en momentos de nuestra juventud, ahí está esa idea de que si conociste a tal persona y medio hubo química ya es la persona que estabas esperando. Dejemos atrás esa idea que nos vendieron de que las cosas se darán por casualidad y todos encontraremos al amor de nuestra vida. Cuando nos quitamos esta venda de los ojos que es el amor romántico es cuando empezamos a ver y a construir relaciones reales con el otro.

Somos una generación que ha cambiado bastante en cuanto a lo que espera de una relación. Antes se callaban muchas cosas, ese "amor eterno" no era amor como tal, sino una mezcla de abnegación, silencio, desconocimiento, seguir las reglas del momento, que te cases con el primero y a ver cómo les va.

Esto me recuerda todos esos chistes PENDEJOS que dicen que antes las mujeres éramos buenas parejas porque exigíamos menos, éramos más calladitas, y claaaro: así el amor duraba por siempre, porque estaba basado en el silencio.

Hace tiempo una persona nos pidió un consejo porque iba a irse a vivir en pareja y en ese momento nosotras vivíamos en pareja. Le dijimos que antes que nada tuviera la seguridad económica, para que si las cosas no funcionaban pudiera salir de ahí. Sabemos que hablamos desde el privilegio, pero somos conscientes de que si las relaciones de antes "funcionaban" o "duraban tanto" era precisamente por eso, no había soporte ni apertura para mandar al carajo una relación que no funciona.

Es el caso de mi mamá, que como ya les he platicado y ha sido un tema de mucho trabajo en familia, ella se casó siendo muy joven y me tuvo también súper joven; entonces, si las cosas no funcionaban, una casi adolescente con un bebé no iba a poder salir de una mala relación así porque sí. Tenemos distintas herramientas y hay que buscar seguridad para uno sin estar en ambientes que nos hacen daño.

Hemos escuchado que dicen: "Es que hoy en día nadie quiere comprometerse", y sí, probablemente haya personas que no quieran un compromiso, pero también somos más selectivos con el compromiso y eso tampoco está mal. Pero llegar a esa decisión te lo dan muchas cosas, principalmente conocerte a ti mismo, ir a terapia, tomar en cuenta qué sí y qué no funcionó en tus relaciones pasadas, tu círculo social, y así sabes si te interesa comprometerte o simplemente no es para ti.

Cada quien vive la soltería de distinta forma. Yo de una u otra manera soy nueva soltera y probablemente lo hablo con naturalidad porque se me hace fácil, lo he asimilado, pero tenemos amigas y conocidas que llevan muchos años solteras y les pesa demasiado. Entiendo que mi reloj biológico está satisfecho porque tuve una relación que me llevó a casarme y cumplir con esas expectativas que, aunque una niegue que las tiene, las sigue de una manera u otra porque forman parte de lo que socialmente se espera en el orden y la mente de otros. En su momento fue bueno, lo disfruté, pero cumplí con un ciclo cuando tuvo que ser así. Hoy no tengo esa presión, porque viví muchas cosas el tiempo que estuve en pareja y aprendí muchísimo, como ahora mismo estoy aprendiendo o reaprendiendo esta nueva forma de existir.

Para mí fue muy distinto dejar la soltería y empezar una relación formal. Estuve soltera hasta los 25 años y esta ha sido mi única relación, por eso cuando llegué a ella ya traía muchas cosas que me permitieron construir una relación desde la madurez, o lo que yo entendía de ser madura a esa edad. Y pasa algo curioso: siento que también me perdí de muchas experiencias que la gente, años antes de sus y poco después, tiene en las relaciones y esas experiencias las fui aprendiendo en modo leyenda con mi novio. Siento que viví mucha intensidad, posesión, celos, pasión, incertidumbre, todo en los primeros dos meses precisamente por no haber pasado por eso cuando estaba más joven. Yo me concentré mucho en mí, en mis amigos, carrera, hobbies, en todo a solas, y cuando llegó el amor no estaba preparada para recibirlo, porque no me lo permití antes. Entendía muy bien mi soltería y estar en pareja fue un descubrimiento de todos los días.

Con el tiempo una se da cuenta de que tiene que haber un equilibrio. Justo como lo dices, no saltarse esas etapas que te hacen ver cómo son el amor y las relaciones, pero tampoco al grado de repetirlas sin haber aprendido algo, porque lo único que va a suceder es que te llenarás de toxicidad y ansiedad por estar en una relación.

Estar soltera o en pareja es totalmente válido, son procesos distintos y nos toca honrar cada uno de ellos y disfrutarlos cuando los tienes. No es justo vivir una etapa añorando estar en otra, porque no respetas quién eres en ese momento ni a la otra persona, si es que estás con alguien, pudiendo vivir plenamente el instante y aprender de ello. De verdad, cada etapa es muy buena si sabes disfrutarla y no pierdes de vista quién eres y qué quieres. Tú lo dijiste en una ocasión, Vero: hay gente que llega a tu vida y te la pasas increíble un tiempo muy breve, y está bien: te van a dar y tú vas a dar lo necesario para sentirse cómodos. Y sobre esto hemos platicado en el capítulo ¿Por qué no hubo segunda cita?

Conozcámonos mucho a tal grado que no escojamos una persona únicamente para llenar esa soledad y que una mala decisión nos lleve a perder el tiempo. Hay que valorar nuestro tiempo y a nosotros tanto como para no dar o regalar el privilegio que es estar con alguien como nosotros. Hoy he entendido que cada persona es diferente: andar conmigo es una aventura; estar contigo, Bárbara, estoy segura de que también lo es; andar contigo, damito o damita, también es una aventura…

Andar conmigo es una bendición, ja, ja, ja.

¿Por qué no hubo segunda cita?

Si entre todo lo bueno y malo que puede dejarnos una relación en pareja aprendemos a ver las experiencias como un aprendizaje, valoraremos la soltería, las citas, las relaciones y hasta las rupturas. Hay que darse el tiempo y el espacio para conocer a los demás, pero conocernos plenamente. Nos gusta pensar que para el amor en pareja primero hay que construir el amor en uno: atiéndete a ti mismo, conócete a ti mismo, compréndete y trabaja en ti a tal grado que cuando por fin conozcas a alguien con quien quieras compartir esto, estés seguro de que es alguien igual de trabajado que tú.

> ### Frases de Bárbara
>
> A veces tenemos este afán de cuidar tanto nuestro corazón, que no nos permitimos vivir experiencias que nos construyan como personas y nos den herramientas para establecer relaciones.

Pensamos que lo primero que tiene que hacer una persona antes de buscar el amor es establecer una lista de NO negociables, o sea, aquellas cosas a las que no pretendes ceder. ¿Qué es lo que estás esperando de la otra persona?, sin que esto se tenga que convertir en una exigencia como tal pero sí en algo fundamental, porque formará parte activa de tu relación y de lo que esperas o no de ella. Cuando tienes este punto de referencia, es menos fácil que te conformes con cualquier cosa que aparezca.

Hay situaciones en las que una puede ceder y no significa algo grave, sino que son acuerdos que también se tienen en esta convivencia. Aunque existen otros temas mucho más complejos, porque puede llegarte un príncipe encantador y perfecto, pero él quiere tener hijos y tú no quieres tenerlos. ¿Por

---

Basta de falacia: El amor también es ciencia. La oxitocina es el neuropéptido que participa en el apego, los comportamientos parentales y los procesos de empatía. Así que mucho de ese amor que sientes es producto de tu cerebro y sus procesos.*

quedarte con él vas a moverte de ese límite que para ti era tan importante? Todo esto es algo que idealmente tendríamos que pensar antes de aventurarnos a conocer gente con la intención de establecernos como pareja, pero ¿cuántos de nosotros lo hacemos?, ¿cuántos pensamos en esos no negociables hasta que estamos en una relación? Se trata de tener tus no negociables y honrarlos, siempre regresar a ti y tu bienestar.

Pero todo esto también tiene que ver contigo, porque cómo vas a andar pidiendo un príncipe azul que hable cinco idiomas y tú solo hablas uno, van a terminar sin poder hablar o entenderse. Hay que ser conscientes de qué es lo que somos y qué podemos ofrecer, porque eso es un acto de honestidad que a muchos se nos olvida cuando estamos buscando pareja. ¿Por qué no sentarte y decir: qué aporto, en qué soy buena con mi pareja, cómo puedo construir una relación sana?

Si no somos honestos con nosotros mismos, cómo lo vamos a ser con alguien que tiene su propia historia, sus propios traumas y visión de una relación. Por ejemplo, yo en este momento de mi vida, sé que no puedo dar el tiempo que la otra persona querrá recibir. A mí me ha servido ir a mi lista de no negociables. Si son diez puntos y este vato no cumple con dos, está bien, pueden negociarse y seguramente habrá un acuerdo, pero que no cumpla con ocho, nooo, no hay manera.

Hemos hablado mucho sobre los ideales románticos. Muchas veces las relaciones funcionan por el valor y la atención que le das a la otra persona, independientemente de que lo tenga y por lo que te imaginas.

En mi cabeza he tenido relaciones hermosas y maravillosas, pero en la realidad no ha sucedido. Y en eso tú has sido un ancla conmigo, porque si yo soy súper fantasiosa cuando siento que puedo tener ese ideal del amor, me has dicho: "Órale, vas, pero en realidad él no ha hecho nada, solo te ha tratado bien". Es como en una ocasión, que hablábamos de la mala relación de una persona, una relación pésima, y las dos concluimos que a pesar de todo el tipo la trataba bien, que eso estaba padre, pero fue tu novio el que nos hizo ver la tontería que estábamos diciendo.

Claro, porque teníamos como referencia que en sus relaciones pasadas ella había estado muy mal, con parejas que la trataban horrible. Y eso nos llevó a pensar qué tanto estamos dispuestos a perder de nosotros mismos en la relación, con tal de sentirnos en una. ¿Qué tanto estamos dispuestos a negociar o ceder esos no negociables con tal de recibir algo, por más pequeño que sea?

Frases de Bárbara

¿Cuánto vale tu tiempo como para compartirlo con alguien que no amas? ¿Cuánto tiempo estamos dispuestos a perder por no estar solos?

Y aquí es cuando entra algo de lo que ya hemos platicado con ustedes, que es "El mínimo esfuerzo" (ahí tienen el enlace al episodio). ¿Cuándo realmente estás aceptando la forma de amar de la otra persona y cuándo solamente estás recibiendo migajas y conformándote con ellas porque sabes que es lo que hay? Esto suena súper fuerte pero, en el interior, todos o la mayoría hemos sido parte de dinámicas así. Romantizamos el mínimo esfuerzo porque los seres humanos siempre hemos tenido inseguridades que nos hacen sentir insuficientes y las proyectamos en nuestras relaciones. Pensamos que hay alguien mejor que nosotros y no nos detenemos a pensar que no lo hay, no hay otra Vero ni otra Bárbara, que las Vero y Bárbara que existen son valiosas

y se merecen todas las cosas buenas, lo mejor, como tú, damito y damita, y lo mejor no es el mínimo esfuerzo.

Si una de las partes da un paso, pues la otra tiene que dar otro, porque si no sería una persona queriendo más a la otra o con una visión distorsionada de lo que tienen realmente.

Lo hemos platicado entre nosotras, con amigos, y nos han llegado testimonios para el pódcast de personas que llevan años en una relación y ni siquiera les gusta su compatibilidad sexual. Entonces, si eso es muy importante para ti, ¿por qué pasar tanto tiempo con alguien que no te da lo que buscabas o que no lo ha construido contigo?

A mí me ha servido mucho dejar de idealizar que las relaciones se darán como yo quiero o que cada persona que aparece es una posibilidad como pareja, cuando sé que me estoy relacionando con una persona que es totalmente distinta a mí y que sus no negociables no son compatibles con los míos.

Si para todo nos tomamos nuestro tiempo (ya sea vestirte, comer, planear tus vacaciones), ¿por qué con la pareja no nos vamos a tomar el tiempo necesario de analizar la situación y escoger bien? Se trata de ponerle amor, cuidado y dedicación a esa elección, porque involucra sentimientos y no es cualquier cosa. Yo creo que nos tomamos el tiempo del mundo en elegir otras cosas, y cuando se trata de nosotros dejamos en segundo plano lo que de verdad es importante.

Esto va muy de la mano con la historia del amor propio. Te dicen: "Ámate tanto a ti mismo para que puedas amar a otro", y esto es una verdadera falacia. Al amor propio no se llega solo así porque sí y eso te resuelve la vida, se trata de trabajar en ti todo el tiempo, en conocerte, en pasártela chido tú solo, en saber qué te gusta y en perderle el miedo a la soledad. Porque por el simple hecho de no saber cómo manejarte a ti mismo es que se dan relaciones desastrosas. Estar en soledad implica que te escuches, y muchas veces no queremos hacerlo porque nos damos cuenta de que no nos gusta lo que oímos, nos caemos mal, pero hay que llegar al punto en que te caigas bien estés en la situación sentimental que estés.

Una vez que llegamos a estar con una pareja nos toca pensar cuáles son los límites con ella, establecerlos y pensar en el propósito de estar juntos. Hay una enorme cantidad de personas que están durante años en relaciones de "casi algo" y que viven esperando que la relación se formalice. Uno de ellos da pasos siempre y el otro está perfectamente cómodo teniendo los lenguajes del amor de una relación con una persona a quien en cualquier momento le puede decir que no son nada porque nunca dejaron claro dónde estaban y hacia dónde iban, y eso es muy cruel porque es pasar por encima de las atenciones y, sobre todo, del tiempo del otro.

Tiene que ver con los no negociables y lo que buscas en una relación. ¿Cuánto tiempo estoy dispuesto a tener algo sin que se formalice, en caso de que me guste lo formal? Nuestra gran frase en Damitas es NO MÁS TIBIOS, por favor, odiamos la tibieza. Hay tanta gente tibia allá afuera esperando que se les dé "una mejor oportunidad", "es que no estoy listo". Ramiro, ¡ya tienes 40! Y toca pensar: ¿hasta cuándo me voy a quedar en una relación que me da ansiedad, inseguridad, en la que me la paso mal con tal de tener dos segundos de placer o que me traten con el mínimo esfuerzo?

Yo creo que eso es algo que hay que aprender a detectar: ¿qué tanto la otra persona está realmente haciendo un aporte a la relación o solo está dando el mínimo indispensable para que yo me mantenga aquí? Cuesta mucho reconocerlo, porque también estarías reconociendo algo que no te gusta, pero la honestidad es lo único que puede darnos esa claridad que a veces es bien incómoda. Igual yo puedo hablarlo desde mi experiencia: el primer año de mi relación lo sufrí mucho, porque esperaba que mi pareja fuera algo que no era, que se convirtiera en ese príncipe azul que tuviera un despliegue de lo que yo imaginaba que era el romanticismo, y él no era así.

Cuando entendí cómo me demuestra amor mi novio todo fue mucho más sencillo, porque dejé de esperar cosas que no podía darme, y no porque no me amara, sino porque no estaba en su sistema. Iba a hacer algo que no sentía, únicamente porque yo quería eso. Aprendí a entender su lenguaje, pero me costó muchísimo trabajo comprender que la relación no solo se basaba en lo que yo quería y no tenía, sino en lo que él podía ofrecer desde el amor y el cuidado.

Queremos que la otra persona haga lo que queremos y reaccione como pensamos que debe reaccionar porque nos imaginamos que esas serían las muestras correctas de amor. No reconocer la manera en que la otra persona ama también es muy injusto para el otro. Y es bien complejo porque tú estás insatisfecho porque el otro no te demuestra lo que estás esperando y él, haga lo que haga, no tiene tu OK porque no es lo que estabas esperando.

El otro día estaba leyendo cuáles son los lenguajes del amor de las personas neurodivergentes y es muy distinto, precisamente porque nuestro cerebro reacciona de forma diferente. Es importante encontrar a una persona que pueda comprenderlo, reconocerlo y aceptarlo sin que te tache de loco o lo minimice. Para mí uno de los actos de amor más bonitos que he visto es que cuando has tenido momentos de ansiedad tu novio te da contención.

Sí, él no lo cuestiona, solo sabe que lo necesito y está ahí conmigo.

Bueno, a mí me pasó lo contrario con mi ex pareja. Tuve un ataque de ansiedad y terminó muy mal, él lo minimizó; yo traté de explicarle cómo se sentía, cuando yo misma a veces no sé cómo se siente. Y ahora que estoy fuera de esa relación me doy cuenta de lo importante que es que alguien te comprenda, que una buena relación va más allá de la compatibilidad, el buen sexo o que "te trate bien". Hoy es súper importante entender al otro en todas sus facetas, y eso únicamente sucede a través del tiempo.

Incluso con el paso del tiempo en una relación hay detalles que van creciendo porque no se hablan. Por ejemplo, si algo no me gusta y me quedo callada porque pienso que mi pareja va a detectarlo y resulta que no, para él es muy cómodo estar así porque en su mundo las cosas siempre han sido de esa manera y no le ve nada malo; obviamente ni lo detectó ni le pasa por la cabeza que tengo un problema con equis conducta. Uno no termina de conocer a su pareja, y menos lo va a hacer si las incomodidades se pasan por alto hasta que se convierten en problemas, y ahí es cuando todo revienta.

Cuando hablamos de neurodivergencias en la relación también debemos ser conscientes de que cada quien funciona de acuerdo con sus propias capacidades. Por ejemplo, si la gente no está en constante comunicación conmigo, para mí no existen o pasan a otro plano, y no es por mala onda, sino porque no tengo la capacidad de reaccionar como alguien más. Y de repente empezar una nueva relación con alguien que no comprenda esto es complicado, porque es algo que no manejo como los demás. Pero cuando hay comprensión sobre este tema, llegas a acuerdos, las cosas salen bien, hay voluntad del lado de ambos.

Creo que una cosa es entender al otro, tanto sus características como sus procesos, aunque esto no siempre es al 100% porque no vivimos a través del otro, pero también establecer que no somos la responsabilidad de alguien más. Está el acompañamiento y es importante en pareja, pero también tenemos que ser responsables de nosotros mismos, para tener la capacidad de salir de una relación cuando esta ya no funcione, con las herramientas para hacernos cargo de nuestros procesos. Hay muchísimas personas que se vuelven codependientes en este sentido, porque uno ya no puede hacerse cargo de sí y el otro siente una responsabilidad que le impide salir de ahí. Una relación sana es de acompañamiento, no de una responsabilidad absoluta.

Lo hemos hablado muchas veces: si tienes que dejar de vivir tu vida por procurar el bienestar absoluto del otro, no tienes una relación sentimental, tienes un hijo. No maternemos enejes, no estamos para educar parejas. Esto existe en personas que llevan muchos años de relación y luego se separan. ¿Qué tanto queda de esa complicidad y qué tanto es codependencia? Y tiene mucho que ver con las parejas proyecto: yo te voy a hacer así, te voy a moldear de acuerdo a lo que siento que quiero y me funciona, a mis estándares, a lo que espero que me dé otra persona.

¿Por qué queremos que la otra persona resuelva todo lo que nosotros necesitamos? Somos enemigas de las frases: "Si te lo tengo que pedir entonces ya no lo quiero" o "descúbrelo por tu cuenta". Y eso cómo lo va a saber el otro, si no somos capaces de comunicar lo bueno, lo que nos molesta, lo que nos produce miedo o ansiedad. En una relación es indispensable comunicar todo, principalmente lo incómodo, para conocer las demás facetas que también son importantes.

Pues para eso son las citas, para conocer al otro y ver si te gusta más allá de lo obvio. Y si sale bien, qué bueno, quizás haya otra segunda cita y si no, no pasa nada, pero no esperes que el príncipe azul aparezca así nada más y cumpla tus deseos, porque es imposible que los sepa. A lo mejor hasta sabiéndolo no lo hace porque no le nace, como regalar flores, y eso no lo hace un patán, solo lo hace una persona a la que no le gusta regalar flores.

> **Frases de Bárbara**
>
> No tienes que buscar el amor activamente, pero ¿qué estás haciendo por conocer gente nueva? Y también por conocerte para saber cómo eres cuando aspiras a estar en pareja.

Una relación se construye de muchas partes: la comunicación, la confianza, el conocimiento de uno mismo y del otro, por eso les decíamos que en este capítulo iban a abundar los conceptos con C, como coger chido, pero eso es otra cosa. Queremos hablar también de que en este enorme proceso de econstrucción y reconstrucción de nosotras entendimos que la terapia de pareja sirve en cualquier momento, no tiene que ser solo cuando ya estás en problemas o quieres "rescatar la relación", porque las relaciones no tienen que rescatarse, sino construirse.

Somos seres humanos a los que nos cuesta mucho trabajo comunicarnos y la terapia de pareja es para poder comunicarse mejor, conocerse en distintos

sentidos, entablar relaciones más sanas, estar sanos como individuos y a partir de eso construir entre dos. Somos fieles creyentes de que abrazar la terapia en muchas etapas de nuestra vida es una herramienta que nos va a ayudar a estar en paz. Si la tomas está genial, pero si no, la comunicación es fundamental y tener apertura, el respeto y la sensibilidad para hablar. Es un paso que idealmente no hay que brincarse: hacerle saber a la otra persona que no es ataque, sino que lo haces por ti mismo, y entender que el otro vive sus procesos y solo desde la comunicación van a llegar a un punto medio.

Va de la mano con la manera en que pensamos las relaciones. ¿Qué es lo que quieres lograr con una relación? Porque hay relaciones que simplemente no llegan a nada porque hay una persona infeliz esperando que la otra reaccione y el otro está ahí nada más existiendo. Y otra importantísima es que nunca se dejen de conquistar, porque a veces pensamos que irse a vivir juntos o casarse ya es haber ganado la batalla, y el amor no es una batalla, es una obra en construcción, y para ello se necesitan espacios solo de pareja en los que se recuerden por qué están juntos, por qué esas personas que se conocieron en equis momento continúan hasta el día de hoy.

Hay que respetar el proceso evolutivo de las relaciones, porque hay muchas personas que esperan que su relación sea como al inicio y la verdad es que no se puede, simplemente porque ya no son las mismas personas que empezaron la relación. Ya se construyeron, deconstruyeron, cambiaron, se terapearon, se decepcionaron, volvieron a creer, ya pasaron por muchas cosas y hay que saber reconocer que las relaciones cambian, evolucionan.

Sí, claro, se tiene la idea bastante errónea de que al estar en pareja viviendo en la misma casa ya todo está dado. Conquistar también es conocer a la persona con la que estás al día de hoy después de mucho tiempo, con detalles que dicen más que un ramo buchón pero que son producto de saber cómo es uno en varias facetas. Les digo porque a mí me sucedió, en mi anterior relación dimos por sentado que al estar juntos había seguridad con el otro, una batalla ya estaba ganada, y ese pensamiento nos hizo mucho daño.

Estar en pareja también es enfrentarte a un montón de enemigos que viven dentro de la relación, o sea dentro de uno, y salen en los peores momentos para romper lo que se ha construido, como el narcisismo.

El narcisismo crea una codependencia. Al final, la persona narcisista te hace creer que es necesario que esté para que tu vida sea buena. El narcisismo de uno produce la inseguridad de otro, porque aunque la relación esté súper mal, te preguntas qué te queda si no estás con tu pareja, qué persona eres si ya no tienes ese vínculo que en muchas ocasiones sentías que te daba identidad. Los narcisistas son los enemigos número uno de las Damitas, son los reyes de enejelandia. Son personas crueles, ellos saben que son enejes, que ejercen una violencia en ti y aun así la llevan a cabo.

A veces los enejes son así, y no se les disculpa, pero tienen esas actitudes enejas porque no saben controlar sus emociones, desconocen los lenguajes del amor, piensan que al amar mucho pueden celar o acapararte, pero los narcisistas son todo esto y más porque ellos sí saben cómo es hacer daño y no les importa. Lo seguirán haciendo hasta que la otra parte se deje o pierda la fuerza.

Ya había dicho esto antes: no creo en el amor para siempre. No creo que el amor sea eterno, no me lo enseñaron, no lo he visto ni tengo una prueba tangible, pero si amo a alguien le daré la mejor versión de mí mientras dure ese amor. En la vida va a haber muchos amores y se trata de ser y dar lo mejor de ti

---

Basta de falacia: Un narcisista tiene un sentido exagerado del egocentrismo, todo gira en torno a él y tiene poca o nula empatía.**

si amas a alguien. Al final, nadie tiene la fórmula del amor o la relación increíble, aunque algunas personas nos hagan pensar eso. Si tuviera que dar un consejo sería que ames, da todo de ti en la relación que tienes en ese momento, vívela, constrúyela y si las cosas no funcionan es importante soltar y que sepas que estando o no con esa persona vas a seguir siendo tú y vas a construir una mejor versión de ti.

Siento que el amor tiene muchos matices y formas y la parte complicada es reconocer cómo se ve ese amor, cuándo ese amor tan noble es el que das y también cuándo el que recibes. Lo ideal es que siempre sea a partes iguales, que no estés esperando todo el tiempo recibirlo si no estás dando lo mismo, sino que sea equitativo.

Estar en pareja es estar en equipo. Todos tenemos metas en la vida y el hecho de estar en pareja tiene que ser un apoyo para esas metas y no una traba. Una pareja es esa persona que te va a ayudar a crecer porque juntos van a poder construir una mejor versión de los dos. Lo ideal es que en las relaciones en pareja haya amor en todos los procesos, también en la parte de la ruptura, aunque pensemos que no porque tenemos la idea de que algo se acaba por falta de amor y no es así en todos los casos. No solo es el amor que le otorgas al otro, sino el amor que te das a ti, y cuando existe algo que no los obliga a estar juntos te das cuenta de que mientras más amor integres a todas las etapas de la pareja, menos te lastimas.

Cuando estás en la parte final de una relación, ojalá pueda terminarse desde el amor, pero sobre todo desde el amor hacia ti mismo, porque si no cada uno se enfrasca en sacar su lado más eneje con el otro, y lo que en un momento fue bello se anula para siempre. No hay amor hacia la otra persona, pero tampoco amor de ti hacia ti. Puedes honrar el sentimiento que diste y recibiste, saber reconocer el amor en todas sus etapas, incluso en las más difíciles.

Hay que aprender que los amores son temporales. Hemos oído la frase: "Yo pensé que era el amor de mi vida", y sí, era el amor de tu vida en ese momento, pero ¿cuántos amores de la vida hay en la vida de cada quien? Pues muchos, porque uno evoluciona constantemente y en el amor sucede lo mismo. Fue el amor de mi vida a los 22 como yo era en ese momento, pero si ese amor regresa y ya no eres la misma persona, deja de ser el amor de toda tu vida y se convierte en uno necesario para el instante en el que se dio.

El amor se trata mucho de honrar al otro y honrarte a ti mismo pensando qué es lo mejor para cuidar tu corazón, sin dañarte ni hacer daño. La parte reactiva del final de una relación siempre es difícil, te dan ganas de ir a tirarle huevos a su casa, pero con el tiempo sabes que eso es alimentar algo que no eres. Si te concentras en "con qué me quedo de esta persona" aprendes de lo bueno y también de lo malo. Si se trata de no odiar para toda la vida, das gracias por los años chidos y también porque se terminó, por muy doloroso que haya sido, porque también fue bonito cuando tuvo que serlo.

Red flags de las Damitas en una relación:

- Que sea mentiroso incluso con algo que parezca no tener importancia
- Que no valide tus sentimientos
- Que trate mal a su entorno
- Que no tenga metas claras
- Que no crea en la terapia
- Que sea agresivo en cualquier sentido
- Que quiera castigarte incluso con formas que parezcan no violentas
- Que quiera imponerse todo el tiempo
- Que demuestre violencia con otros (para no ser violento contigo)
- Que hable mal de todas sus ex parejas
- Que le moleste que tengas más círculos de convivencia
- Que la relación sea el núcleo de su vida
- Que no tenga amigos
- Que no respete sus propios límites
- Que sea celoso

* Tomado de https://www.revistaciencia.amc.edu.mx/index.php/vol-71-numero-2/770-oxitocina-la-hormona-del-amor-y-del-dolor
** Tomado de medlineplus.gov/spanish/ency/article/000934.htm

Con el tiempo hemos aprendido a saber qué nos gusta, qué está dentro de nuestro plan de vida y cómo honrarlo desde la honestidad. Los NO negociables en una relación se han convertido en algo indispensable antes de pensar en establecer algo con alguien y queremos compartirte algunos de los nuestros.

Vero

- Que quiera tener hijos
- Que tenga una adicción
- Que no pueda entender mis tiempos
- Que no se lleve bien con mis amigos
- Que no le guste Halloween
- Que no tenga una carrera
- Que sea fifa
- Que sea machista

Bárbara

- Que no tenga un proceso terapéutico
- Que no tenga un trabajo estable
- Que no le guste ver a su familia
- Que haga algún comentario minimizando algo que me gusta
- Que quiera controlar todas las salidas
- Que no tenga aseo personal
- Que sea machista y además se queje de las manifestaciones feministas

Damito o Damita:

Con el paso del tiempo he aprendido que una relación sentimental o estar en pareja es un trabajo constante en todas las etapas, es esforzarte por dar lo mejor sin olvidarte de ti y de cuánto vales sola o en compañía.

Con el paso del tiempo he aprendido que una relación sentimental o estar en pareja:

_____
_____
_____
_____
_____
_____
_____
_____

Poesía de Vero

(para el estado civil)

Solteros

Todos queremos vivir el amor
pero nadie quiere pasar por el terror
de un proceso agotador.

¡¡¡Ay!!! Encontrar pareja no es fácil
y menos con tanto imbécil
que no tiene responsabilidad afectiva,
definitivamente nada los motiva,
ni una morra como yo tan atractiva.

Con pareja

Te veo y sonrío
pues allá afuera con tanto lío
en tus brazos nunca me siento vacío.
Una y mil veces te elegiría
pues ese culito me trae alegría.

* Tomado de: https://www.revistaciencia.amc.edu.mx/index.php/vol-71-numero-2/770-oxitocina-la-hormona-del-amor-y-del-dolor
**Tomado de: medlineplus.gov/spanish/ency/article/000934.htm

CAPÍTULO 3
Los amigos

¡Holiiiii, holi, hooooliiii! ¡Holi! La amistad es lo más bello que nos puede pasar… o no.

Damitas surge por ser esas amigas de todos los damitos y damitas, las que te van a decir: "Mana, mano, te estás pasando". Hemos aprendido mucho de nosotras dentro y fuera del proyecto, por eso queremos decirles que las amistades pueden ser relaciones que te salvan, pero también aquellas que pueden destruirte; por eso tienes que aprender a detectar cuando estás teniendo una amistad que te consume sin aportarte nada de valor.

Aunque hay todo tipo de amigos y los vamos reconociendo con el tiempo y las circunstancias, la amistad es algo que nos hace humanos y es indispensable para pasar de la familia a la sociedad. Hablar de amistad es muy complejo porque, como en el amor, cada persona vive esas relaciones de manera distinta. Puedes conocer a un buen de personas y llevarte bien con cada una de ellas, pero el vínculo no necesariamente tiene que ser igual, ni en la infancia ni en la adolescencia, mucho menos ahorita.

Nosotras, que nos conocemos desde hace mucho y tenemos una amistad bastante fuerte, somos distintas en cuanto a hacer amistades. Nos ha pasado que nos relacionamos de manera diferente con personas de varios círculos laborales, y te he dicho varias veces que, aunque nos llevemos bien con ellos en términos prácticos, mi amiga eres tú, porque sé que contigo puedo hablar de lo que me incomoda y llegaremos a un acuerdo; cosa que no estoy segura que suceda con alguien más, precisamente porque la amistad es una construcción que se basa en diálogo y acciones. Tú eres mucho más amiguera, pero también te das cuenta muy rápido de quién es amigo de verdad y quién no.

En hacer amistades soy como un niño pequeño: conozco a alguien, nos hacemos amigos, nos juramos amor eterno y después nos despedimos; esa soy yo en la amistad. Pero pienso que los amigos son el vínculo más honesto y de confianza que poseemos los seres humanos, porque con ellos no tenemos miedo a ser como somos en realidad y sabemos que si algo anda mal, siempre se puede solucionar (a diferencia que con la pareja, que uno suele ser más flexible con tal de no perder). Cuando una amistad es verdadera, te da la confianza para ser realmente tú.

Yo creo que los hermanos y los amigos ponen muy a prueba nuestros límites, porque es un amor diferente al de la pareja, un amor muy transparente que puede ser bastante noble o, por el contrario, uno que perdona mucho, incluso el daño. Por eso, cuando tienes problemas con un amigo o hermano, duele muchísimo más que si te lo hiciera cualquier otra persona.

Ahorita que mencionas que hago amigos con facilidad, es cierto, pero también he aprendido a ser más desapegada de la gente por un proceso de vida, por todo lo que he pasado y que me ha llevado a comprender que si ya cumplieron su propósito y no hay forma de que permanezcan, es momento de decir adiós. He tenido claro que si somos amigos puedo dar demasiado, puedo desbordarme de amor y ser una gran amiga, pero en el momento en que rebasen mis límites, me voy a ir sin detenerme a pensarlo. Esa es la Vero de hoy porque he trabajado en mí.

Bárbara: Bueno, es porque en tu historia de vida tuviste la determinación de cortar esos vínculos antes de que ni tú misma reconocieras tus límites, porque alguien ya los había cruzado. Y yo pienso que está muy bien, porque una amistad no tiene que soportarlo todo, aunque nos hayan tratado de convencer de que sí, como nos dijeron con el amor. Relacionarse con otras personas también se basa en falacias. Por ejemplo, a las mujeres se nos ha repetido muchísimo que no existe la amistad entre las mujeres porque rivalizamos todo el tiempo o estamos unas en contra de otras, y eso no es cierto.

Vero: Puedo decir al día de hoy que el amor de mi vida eres tú, porque me has salvado y rescatado, has sido muy dura conmigo cuando ha hecho falta, y también me has dejado cagarla para aprender. Pero he crecido y salido del hoyo gracias a ti, porque la amistad también es eso, no algo que resuelve tus problemas sino aquello que está contigo mientras tú los resuelves y tratas de ser una mejor versión de ti.

Bárbara: Las amistades son ese círculo que nos da muchas herramientas para la vida, aunque por la forma en que nos abrimos con ellos, desde esa posición podrían hacernos daño. Yo no quería creer hace muchos años cuando mis papás me decían que tal amiguito no me convenía o que era mala influencia, me acuerdo que hasta me peleaba con mi familia por eso, pero ahora que soy adulta veo que tenían razón al decirme que no le diera mi amistad incondicional a cualquiera.

Vero: Claro, si lo decían era por algo. Hace años yo también era súper influenciable y me dejaba llevar por cosas que decía alguna amiga, pero esa era la Vero al principio de sus veinte, ahora ya no, y aprendí un poco a la mala que por más confianza que le tengas a alguien en el nombre de la amistad, tienes que seguir tu instinto y decir no de vez en cuando. Conforme pasan los años te das cuenta de lo que decían tus papás, y aunque duele, a veces la gente que más te envidia es la que está más cerca.

¿Pero qué tanto sabemos reconocer cuando nosotros estamos siendo malos amigos? Yo te aseguro que si le preguntas a cualquiera, te va a decir que es excelentísima persona, que da todo en la amistad, y probablemente está haciendo todo lo contrario. A pesar de eso, creo que nadie puede catalogarse de buen o mal amigo, porque es muy subjetivo: hay cosas que haces bien y otras que haces mal; ojalá pudiéramos aprender de los dos escenarios. Sin embargo, si es un amigo eneje que sabe que puede hacerte daño y lo hace, ahí no tiene justificación.

Frases de Bárbara

Un amigo te va a aceptar como eres, pero no puedes esperar que tu amigo siempre te aguante.

Tus amigos van a ser las personas más honestas contigo, al menos los buenos amigos, te van a decir si la estás regando o estás cruzando tus propios límites. Ahorita ya estamos en una edad en la que la honestidad no implica que seas cruel con el otro, y si te lastima con esa "honestidad", tampoco es amistad.

Vero: Uno tiene que saber qué tipo de amigos tiene. Por ejemplo, yo sé que tengo amigos para la peda, para divertirme, y tengo amigos súper entrañables que no son ni cinco, y con ellos hay total honestidad y saben todo de mí. Y están los otros amigos, con los que me la paso increíble en el chisme porque nos vemos cada 200 años. Todo eso está bien, uno puede reconocer que con cada grupo será una persona que interactuará de tal o cual manera, y tener esos grupos de amistad es sano. También aprendí que me la paso increíble con cada círculo pero no por eso voy a juntarlos a la fuerza.

Bárbara: Hay amigos para cada cosa, aunque difícilmente vas a tener un amigo que te acompañe a absolutamente todo, porque sería esperar que esa persona sea tú en todos los aspectos. Y qué aburrido. Creo que hay que tener claro quiénes son tus amigos en distintos contextos, pero por qué te gusta tener esas amistades y qué les estás ofreciendo. Yo pienso que también hay no negociables en las relaciones de amigos y uno de esos no negociables es un tipo de amigo que no respete tus pasiones, el que te critica, que no tolera que seas como eres, entonces para qué quieres un amigo así si no hay afinidad ni respeto.

Vero: Como dices, está el otro lado de la moneda: saber qué tipo de amigo eres o qué papel desempeñas en la vida de los demás y abrazarlo. Si tienes dos mejores amigos, como es mi caso, y pasas horas en el teléfono con uno y luego te vas de viaje una semana con otra, no significa que uno sea mejor o peor, sino que vives experiencias distintas con cada uno y está bien.

Bárbara: Se nos repitió hasta el cansancio que hay que dar sin esperar nada a cambio y que en la amistad, como en el amor, eso te hace buena persona. Y no, damitos y damitas, aquí no es beneficencia. Si no va a ser recíproco, ¿qué va a ser?, porque me queda claro que no es un intercambio sino un abuso y mucha comodidad de una de las partes.

Precisamente porque el tiempo de cada persona es valioso y a veces es más fácil sentirte mal porque alguien fue eneje contigo, pero ¿no fuiste eneje con él? Hay que poner en la balanza qué estamos dispuestos a dar para recibir una amistad sana.

Hay amistades que tienen un tiempo de vida y no podemos exigir más que eso porque estarían destinadas al fracaso, y hay otras que pueden durar poco y aportarte mucho. Hay amigos que llegan de la nada y son personas que no creíste que pudieran ser tus amigos, pero te das cuenta de que comparten gustos, traumas y expectativas. A veces hay que permitirnos ser ese niño que hace amigos en el parque y esas dos horas de juego van a ser de absoluta felicidad.

La amistad también es permitirnos conocer a otras personas. Sé que nos da mucha flojera encontrar gente nueva y contarles toda nuestra vida, por eso preferimos aferrarnos a una amistad que, nos haga lo que nos haga, ya es conocida. Nos merecemos contar con más personas en diferentes círculos y ser distintas versiones de nosotros para conocernos mejor fuera de la zona de confort de las amistades de toda la vida.

También se vale cambiar de amistades cuando alguna ya no forma parte de quien eres hoy. Si no te identificas con lo que fue, está bien que decidas que en lugar de seguir luchando te quedarás con lo bueno y soltarás lo que ya no te llena. Los cambios son necesarios en muchas facetas de nuestra vida. A veces llegas a círculos de nuevas personas que no tienen que ver con tu día a día, se caen bien y surge una amistad que quizá puede durar poco pero te llena de forma diferente. Hay amigos escape y también es sano tenerlos, porque te hacen tocar tierra cuando lo necesitas.

Hay un círculo del que debemos estar muy alerta, y es el círculo de las victorias pasadas. Vamos por la vida coleccionando amigos y son esos de la primaria o la prepa, son los súper compas, pero ahora que estás en la vida adulta te das cuenta de que eran amigos por enejes, de batallas ya luchadas, pero hoy por hoy ya no serían tus amigos. Si te los topas en una fiesta, quizá dirías que no hay manera de que sean amigos, precisamente porque ya creciste y cambiaste. Ten cuidado con estos círculos porque son los que más rompen tus límites y tienen la tarjeta de haber sobrevivido al tiempo.

Con las amistades también se trata de reconocernos en todas nuestras etapas y la evolución personal. No podemos encasillar a las personas por quiénes fueron cuando las conocimos, por el simple hecho de no reconocer su evolución. En el capítulo "Amigos enejes" decíamos que no puedes esperar que esa persona sea la misma que conociste en equis etapa de tu vida. Si eras amigo de uno bien eneje al que llamaban El Cacas, no puedes esperar que siga siendo el mismo hoy, que es un respetable señor astrofísico, pero para ti va a ser toda la vida El Cacas. Una cosa es que lo conozcas en esa vieja faceta y otra es que quieras que él sea eso siempre, tampoco te pases.

Es súper importante reconocer el cambio del otro y premiarlo, porque ese cambio significa algo importante en su forma de ver el mundo y sentirse bien. Hay personas que están más abiertas a evolucionar contigo y acompañarte en el camino con todas las versiones que puedes llegar a ser. Habrá versiones con las que no congenien y otras con las que sí pero, si la amistad es fuerte y auténtica, ahí van a estar sin necesidad de que tengan que llamarse todos los días o deban saber cada detalle de lo que estás haciendo, porque van a entender quién eres en el momento en que se vean.

Amigos enejes

A veces pasa con algunos amigos, que les permitimos que sean hirientes porque "así son". A mí me ha sucedido: hace tiempo una a la que consideraba muy mi amiga hizo un comentario hiriente sobre mi físico y no supe cómo reaccionar o qué responderle, porque ella "así era". Y en nombre de la amistad toleramos muchas cosas, hasta algunas que son crueles con nosotros.

Y porque se trata de evolucionar con tus amistades si es que quieres seguir con ellas. Ser amigos solo por victorias pasadas es tolerar y repetir conductas que a lo mejor ya no te gustan. Quizá se valga verse de vez en cuando y reírse de algunas cosas, pero solo hasta donde sea sano, porque una amistad, como cualquier otra relación, tampoco se sostiene de estar aguantando incomodidades.

Poco se habla, pero es una realidad: el duelo por perder una amistad EXISTE. Es el duelo más feo, después de perder un perrito, porque nadie te lo valida. Cuando terminas una relación de pareja y todo mundo sabe, también todo mundo se imagina cómo te sientes, te dicen que estés tranquila, que vas a estar bien, que ese eneje no te valoraba. Pero cuando pierdes a un amigo ¿qué te dicen?, ¿que tienes más, que no perdiste demasiado? Si el resto de las personas te hace comentarios como que todo va a estar bien y no es para tanto, créeme, esas personas quizá no le dan el mismo peso a la amistad como tú.

Yo creo que también hay amigos que hacen la chamba más sencilla: te duele y todo, pero ya querían ser expulsados de tu vida. A veces ni siquiera hay una ruptura como tal, simplemente se van alejando, pero antes ya se habían portado tan enejes que cuando dejan de estar, curiosamente te sientes mejor, así que no duele como cuando es una pérdida verdadera. Pero hay personas con las que existe una ruptura y no sabes qué pasó, entras en shock y esa es la parte difícil.

Hay dos duelos que tenemos que mencionar. El primero es cuando tu amiga o amigo se aleja porque tiene pareja. Es horrible porque de alguna u otra forma estás contento porque tu amigo encontró a una persona, está feliz, en un momento chido, y por otro lado te preguntas qué hiciste, si no caerle bien a la pareja o que crea que no eres la mejor compañía y por eso debes alejarte. Hemos tenido esos amigos que te dejan cuando tienen pareja y ya que terminan regresan contigo. Y no, uno tampoco es botadero. Podemos ser amigos, querernos mucho, pero en el momento en que me quieras desechar por andar de pareja, entonces también te vas, porque las amistades se cultivan. Esa es una pérdida de la amistad muy eneja que duele muchísimo.

Otra es la gente que solo desaparece, te ghostean. *No sabes qué pasó, no se pelean contigo, no te dicen si fuiste una perra en su vida, no dan explicaciones, simplemente se van. Es un momento de muchísima confusión pero que te pone a pensar qué tanto lo hemos hecho mal nosotros, qué tanto hemos dejado de contestar en momentos importantes, cuándo solamente evitamos a las personas, alejándonos sin dar explicaciones. A veces uno deja que el escenario catastrófico en el cerebro de la otra persona crezca solo para evitar una confrontación o hablar sobre lo que te molesta y eso es horriblemente feo y egoísta.*

Yo creo que en todas las relaciones la comunicación es muy importante en todas las etapas, incluso para terminar con una amistad porque lo sacas de tu corazón y la otra persona también tiene su cierre. Hay que decir: "Esto que tú hiciste pasó un límite muy grande para mí y ya no quiero saber nada de ti". Ok, ya lo sacaste de tu sistema y la otra persona se entera para irse o ya no volver a cometer ese error mientras se recupera la amistad. No sé de dónde aprendimos a quedarnos callados con las personas que en algún momento fueron o son importantes. Ser perra y desaparecer no está chido, no se vale hacer responsable al otro totalmente por lo que uno siente.

Es una acción horrible porque se convierte en una especie de tortura: te ataca la ansiedad, sientes culpa, ves escenarios catastróficos y hasta llegas a inventar versiones donde hiciste las cosas mal... ¿pero qué cosas? El silencio es lo peor que puede sucederle a una relación de cualquier tipo.

Creo que una amistad cruza muchos límites en muchos sentidos y no sé qué tanto deba uno aceptar eso o a la otra persona tal como sea, si es que tiene cosas que de verdad no son compatibles con uno. Si estás acostumbrada a resolver los problemas de frente, estoy segura de que vas a encarar al *ghosteador* hasta que te diga qué pasa, pero si no, él se va a ir y te dejará con la incertidumbre.

A veces pensamos que por respetar su personalidad o su derecho a no decir nada porque "así es" se vale permitir abusos, y no, para nada, porque si te causa una incomodidad y tienes la disposición para hablar de ello, ¿no debería ser honesto contigo en nombre de la amistad? Las amistades no necesariamente tienen que terminar porque una de las partes no se siente plenamente cómoda, sino que puede venir una conversación que ayude a que la relación evolucione desde la honestidad, a que la amistad se modifique. Y hay dos opciones: la amistad mejora porque se entienden las dos partes, o hasta ahí llegó, y eso también es válido, en lugar de acumular malestar o irse sin decir nada.

Exactamente igual que como en una relación de pareja. Justo porque las amistades viven durante años y varias facetas de tu vida, te ven en la mejor y la peor versión. El *ghosteo* es una salida fácil cuando no quieres hablar de lo difícil que puede resultar ser amigo de alguien, porque somos seres humanos con

---

Basta de falacia: La amistad es algo que le interesa a la humanidad desde los tiempos de Aristóteles. Él tiene una frase que nos gusta mucho: "No es noble estar ansioso de recibir favores porque solo el desgraciado necesita bienhechores, y la amistad es, ante todo, libertad". O sea que no te pases y sé recíproco, no todo se trata de recibir y recibir sin hacer el esfuerzo.*

muchísimas equivocaciones e imperfecciones. O a lo mejor es uno quien no tiene las herramientas para hacer frente a una dificultad dentro de la amistad, ¿pero estamos listos para reconocerlo?

Se necesita mucha objetividad para tomar decisiones sobre tus amistades, y en este punto de la vida me he hecho la pregunta: ¿por qué quiero mantener esa relación? Y pienso en la persona que soy actualmente y qué tanto me aporta esa amistad o si solo deseo estar ahí porque me acordé de un día que nos la pasamos bien. También, cuando me he peleado con amigos, me pregunto: ¿esto que acaba de pasar va a desaparecer todo lo anterior? Eso depende de cada quien, por eso digo que se trata de ser objetivo.

Hay que saber escoger las batallas. Aunque con ciertos amigos hay un malentendido que parece irrelevante y pasa una vez, luego dos, y después ya es costumbre, pero nos cuesta trabajo reconocer que algo ya no nos gusta y nos hace sentir incómodos. Entonces ya no es un malentendido, es una forma nociva de llevar una amistad. Son las preguntas más difíciles: ¿cuántas veces vas a permitir que tu amigo te humille, que haga comentarios hirientes, que invalide tu dolor o simplemente no esté contigo cuando sientes que lo necesitas? No queremos soltar porque a los seres humanos simplemente no nos gusta perder.

Seguramente tienes muchos conocidos y gente con la que te la pasas chido, pero con el paso del tiempo la amistad se convierte en algo mucho más selectivo. Sueno como a tía, pero es la verdad: la vida se encarga de dejarte a la gente que vale la pena y hace a un lado a los que no. Yo pienso que no importa la cantidad de amigos que tengas, ¿quiénes o cuántos de ellos estarán contigo en una situación límite? Mi último año ha estado lleno de cambios, he reestructurado mi vida y con ello comprendí el valor de las verdaderas amistades. No hay que llegar a un punto así de crítico, pero cuando sucede se ponen a prueba muchas cosas, entre ellas la promesa de amistad eterna.

A veces cometemos el error de pensar que nuestros amigos son con nosotros como nosotros somos con ellos... ¡y no es cierto! Nos cuesta reconocer que la persona con la que idealizábamos la amistad puede ser el peor de los enejes porque conoce tus vulnerabilidades y te hace daño sabiéndolas, o que nosotros podemos ser esos enejes por **indiferencia** o simplemente por malas personas. Luchar por una **amistad no tiene** que ver con rogarle que no se vaya ni aguantar que te **traten como** trapo, sino con tratar de solucionar la situación de la manera más sana: esto que hiciste no me gustó, o qué hice para que te sintieras mal; y si ya lo sabemos, ¿qué sigue?

Aquí entramos en otro gran tema que es saber pedir disculpas. A mí no se me da, por más que lo intento y de verdad estoy trabajando en ello, me cuesta mucho pedir disculpas. Y sé que tiene que ver con mi historia de vida, pero estoy consciente de que reconocer los errores es fundamental para no repetirlos. Incluso si la amistad ya no da para más y es mejor terminar. Vale mucho la pena pensar en esos errores, porque quizás a la mala queda una enseñanza.

Yo siento que la amistad para mí ha sido fundamental, un proceso de autoconocimiento que no se termina y te nutre como ser humano. Hay cosas que de verdad se disfrutan mucho con tus amigos y que naturalmente tienen que compartirse con las personas que quieres. Se siente muy bien que estén contigo en las buenas y en las malas, que celebren lo que es importante para ti y que puedan jalarte las orejas de vez en cuando, pero sin evitarte el aprendizaje de una mala decisión. He aprendido que si voy a dar algo en una relación sentimental o de amistad, tiene que ser algo de calidad, porque también es lo que espero.

La amistad debe ser genuina, que haya empatía y que te nazca ser empático con tu amigo. Tenemos que dejar de lado la envidia, porque la envidia de la buena o sana no existe: es envidia y punto; y si no puedes alegrarte por los triunfos y el bienestar de tu amigo, ¿estás siendo un buen amigo o una persona eneje con una amistad? Sería una enorme red flag estar con alguien que no tiene amigos o que termina mal con cada uno de ellos, y por eso hay que permanecer atentos a las señales que nos mandan.

En cualquier relación (no solo sentimental, sino de amistad y social) necesitamos marcar nuestros límites, y eso es algo que les diremos una y otra vez, porque sentimos que hacerlo nos ha cambiado la vida. Si eres permisivo, te relacionas con enejes abusivos y bullies, no has comprendido cuál es tu valor y que eso es innegociable, vas a alimentar relaciones basadas en la enejitud y el abuso o contribuirás a una cadena de gente eneje. Los amigos enejes tienen mucho que ver en cómo te relacionas con ellos y qué tanto has permitido que sobrepasen tus límites, al punto de que ni siquiera tú te acuerdas de cuáles eran. Les otorgamos un poder que crece y crece únicamente para hacernos sentir mal, pero también hay que analizar cuánta responsabilidad tenemos de todo eso o por qué una persona se siente con la confianza de ser eneje con otra si le hemos brindado el espacio para que lo sea.

También cuesta mucho trabajo reconocer que uno es el eneje. Por ejemplo, existen esas amistades que solo llegan a ti para hablarte mal de otro. Que sea eneje no solo tiene que ver con cómo te trata a ti, sino cómo es con las demás personas cuando está contigo. ¿Por qué a tu lado siente la confianza de ser así con los demás?, ¿qué le estás dando para que lo haga? Nos ha sucedido que nos relacionamos con personas así, puede ser divertido un rato, pero después nos deja esa sensación de inseguridad: ¿después de aquí se va a otro lado a hablar mal de mí?, ¿va a ir a contar lo que le dije? Esas amistades te drenan la energía de forma impresionante, pero también te hacen ver que puede haber un poco o mucho de enejitud en tu forma de relacionarte con los

demás. Es incómodo darse cuenta de esto, pero a la larga resulta necesario hacer un ejercicio de introspección con la mayor objetividad posible.

Vale la pena que pensemos que hay quienes son enejes en todos los aspectos de su vida: reparten enejitud porque así son, y hay otros a los que percibimos como enejes simplemente porque no son como queremos que sean o porque ya no conectamos con ellos, y ahí la cosa es distinta. Por eso, damita y damito, decíamos que la amistad requiere de mucho criterio para no ser víctima de a gratis.

> **Frases de Bárbara**
>
> En la amistad es indispensable aprender a comunicar, ya sea en lo bueno, en lo malo o en lo peor porque es muy egoísta dejar en visto las emociones del otro.

Hay que ser honestos. Un buen amigo es la persona que te puede salvar. Posiblemente vas a tener a tu amiga la regañona pero no por miedo a que te regañe vas a dejar de contarle cosas. Muchas veces, y hablando de temas muy fuertes, cuando existen feminicidios o violencia dentro de la relación, la que sabía era la amiga. Nadie más del entorno estaba al tanto de que a la chava la maltrataban, la controlaban, que había un amorío extraño que la ponía en riesgo, que estaba pasando peligro en silencio, pero probablemente una amiga sabía esos secretos y quizás ella daba la contención en el momento necesario o por lo menos estaba enterada. Es importante decirle a alguien lo bueno y lo malo, independientemente de que esa persona te regañe.

Si algo no le estás contando a tu amigo, sabes que está mal. Es mucho más doloroso cuando algo llega a pasar y los amigos no están enterados, como dices, porque hay situaciones que pueden evitarse si tienes ese círculo que puede darte apoyo cuando lo necesitas. Nos callamos muchas cosas por vergüenza o miedo a ser juzgados, pero una amistad transparente y honesta lo será a través de sus consejos. Una buena amiga está al tanto de cosas que tú no, porque ve a tu novio o novia con sus virtudes y todísimos sus defectos y quizás tenga un argumento que tú pasaste por alto. Siempre va a haber un feedback desde el amor y es importante estar atento a eso.

Hay muchas cosas que alimentan una amistad. Precisamente hace poquito una amiga nos dijo: "prefiero que me cuentes todo lo que me tengas que contar y que tenga que quedarme callada para escucharte y no regañarte, a que termines llorando tú sola".

Quizás como amigos podemos decir cosas sin tacto pero estoy segura de que no es con el afán de hacer daño, sino con la objetividad que el tiempo, el cariño y la amistad deben darnos. Y también hay que saber aceptar que las decisiones que los demás tomen pueden parecernos equivocadas pero no por eso los dejaremos solos ante una situación difícil. Si tu amiga va y viene de una relación con un eneje ¿le vas a dejar de hablar por eso? A lo mejor dices que sí porque te cae mal el eneje y ya te cansaste de oír una y mil veces la historia de cómo la engañó y le hizo daño, pero aquí entra un poco nuestra empatía como amigos, estar con ellos en los mejores y peores momentos porque una mala relación no define el resto de tu vida.

Existen muchas formas en que las personas podemos demostrar amor y eso aplica tanto en las relaciones de pareja como en la amistad. En ocasiones, pensamos que nuestros amigos no son lo suficientemente empáticos con nosotros y eso puede generar inseguridad y hasta resentimiento. Pongo un ejemplo: quizá no nos dicen lo que queremos escuchar y no por eso les importamos menos, pero ellos ven la situación de otra manera y su lenguaje es distinto. Aquí se trata de conocer el lenguaje del otro y no tomártelo personal, pero tener las alertas bien puestas en caso de que sus comentarios no sean para apoyar y sí para juzgar. Aprender a identificar cómo quiere el otro y cómo quieres tú te evita muchas discusiones.

Este ha sido un camino de aprendizaje para nosotras: si sabemos qué tipo de amigos somos y cómo demostramos ese amor, podemos darlo con mayor calidad y honestidad. Hemos comprendido que la vida adulta nos coloca en circunstancias en las que no podemos ser ese amigo que nos imaginamos, no podemos estar todo el tiempo, ni como queremos, pero deberíamos tener la madurez para demostrarle a quien nos interesa que sí estamos, que nos preocupamos por su bienestar, que a veces una llamada o un mensaje hacen la diferencia y fortalecen ese vínculo. No podemos dar por sentado que una amistad va a permanecer por el simple hecho de que ya la tenemos, si no la cultivamos.

Frases de Bárbara

Las relaciones interpersonales siempre van a cambiar. La amistad se construye a base de voluntades, honestidad, espacio y respeto por el otro.

Basta de falacia: ¿Sabías algo sobre animales que tienen amistades? Pues es una realidad: los silbidos de los delfines pueden viajar hasta 740 kilómetros para mantener un vínculo con otros de su especie.**

Hemos escuchado muchas veces que los amigos son la familia que tú eliges, y es cierto. Teniendo la ventaja de que tu familia es la que te tocó, ni modo, pero valorando la libertad tan grande de elegir con quién estar porque la vida te da la oportunidad de hacerlo con tu círculo. Si cuentas con esa gran oportunidad, úsala para sentirte bien con las personas que lo merecen, ¿para qué le das un espacio a alguien que no se lo ha ganado? Valemos mucho, valemos tanto que tenemos que valorarnos como amigos, porque damos tiempo de calidad, estamos ahí, somos pacientes, entonces si ofrecemos tanto ¿por qué dejar todo en manos de personas que no son correspondidas con nosotros? La amistad no debe ser un sacrificio ni una penitencia en la que debas soportar lo que te tocó porque así es, sino algo maravilloso que le dará un sentido muy bonito a tu vida cuando sepas escoger con quién compartir todo lo que eres y hasta cuándo es sano hacerlo.

A esta edad, la amistad se nutre de comunicación. Estamos en un punto en el que podemos decirle al otro las cosas que nos gustan y nos disgustan, qué nos hace sentir mal y cómo podemos poner un alto cuando alguien quiere sobrepasar esos límites. Aprendemos que la amistad se nutre con tiempo de calidad y no solo el que te sobra para decirles "para cumplir", que haya cosas en común porque eso es lo básico y a veces lo perdemos de vista con tal de continuar con un vínculo. Al día de hoy, si una amistad es duradera y fuerte es porque te cuestionas qué está haciendo bien esa persona para que continúen unidas y qué estás dando tú en ese intercambio.

Hay un ejercicio que nos parece necesario hacer con nuestras amistades y la forma en que nos vinculamos afectivamente con ellas. No somos seres humanos perfectos pero podemos aprender a través de la reflexión, la responsabilidad y coherencia de nuestros actos.

Especial amigos

Vero

Qué estoy dispuesta a dar en la amistad:

Soy una persona que te da mucho tiempo y si me necesitas, voy a estar ahí. Te voy a escuchar y hablaré contigo sobre lo que te ayude. Te daré la versión que he trabajado de mí para ser mejor persona y amiga. No te juzgaré a partir de mis experiencias porque he aprendido que no todos tienen que pasar por lo mismo que yo.

No estoy dispuesta a volver a pasar por:

Sentirme juzgada, incómoda e insegura en nombre de la amistad. No permitiré que alguien me haga daño por el simple hecho de tener una relación de años, ni que me haga comentarios ofensivos de mi cuerpo o trate de vulnerarme. No volveré a pasar por una amistad que no sea recíproca.

Bárbara

Qué estoy dispuesta a dar en la amistad:

Yo siempre daré tiempo, lealtad y cuidados a las personas que quiero. Ofrezco mi empatía y apoyo emocional porque siempre he estado dispuesta a escuchar cuando es necesario y dar mi opinión cuando mi amigo o amiga lo necesita. Podré regañarte pero no juzgarte, siempre mi opinión será desde el cariño. Entenderé de dónde viene eso que te hace sentir mal o tu catarsis y decisiones.

No estoy dispuesta a volver a pasar por:

Decepciones dentro de la amistad o a tener vínculos que no son recíprocos o no te aporten crecimiento emocional. No permitiré que alguien me haga sentir mal por no ser una versión que conocieron en el pasado y les resultaba más cómoda. No permitiré que me juzguen por sentirme bien con quien soy y lo que hago y estar evolucionando.

Qué estoy dispuesto a dar en la amistad:

No estoy dispuesto a volver a pasar por:

Al día de hoy, veo en la amistad algo sumamente valioso que me ha dado los mejores momentos en compañía de personas que quiero, que me comprenden y están ahí en cada una de mis facetas, con quienes puedo ser como soy sin miedo a sentirme juzgada o señalada.
Y he aprendido a ser una amiga recíproca, leal y honesta.

Al día de hoy, veo en la amistad:

Poesía de Vero

Mi mejor amiga:
Eres el vinito de mi churrería,
mi abrigo cuando estoy fría,
la varita de esta brujería,
la verdad de esta falacia.
Gracias por ser esa cachetada de realidad,
no tengo cómo pagarte en verdad
tanto amor y amistad.

*Tomado del libro Ética a Nicómaco, de Aristóteles.
**Tomado de https://www.bbc.com/mundo/articles/

CAPÍTULO 4
La escuela

¡Holiiiii, holi, hooooliiii! ¡Holi! ¿Hace cuánto no pensabas en tu yo de primaria? ¿Hace cuánto no te acordabas de esos momentos felices o tristes que hasta este momento siguen siendo parte de tu día a día? ¿Hace cuánto no te tomas un momento para pensar en tu yo chiquito y decirle: "Eso que pasó no debió haber sucedido", o "aquello que viviste te llenará de mucha felicidad cuando lo recuerdes dentro de pocos o muchos años?". Siempre es un buen momento para recordar al damito o damita que fuiste y abrazarlo, porque eso ayuda a construir el yo adulto. Este capítulo es para que te acuerdes de tu yo chiquito.

Bárbara: Nuestro paso por la escuela estuvo lleno de experiencias muy contrastantes pero que tienen que ver con la personalidad de cada una. Seguro tú vas a decir que "meeeh, fue horrible", en cambio para mí fue lo contrario: aquí amamos la escuela y estudiar fue mi pasión. Genuinamente, mi vocación era la escuela. Aun así, puedo afirmar que también puede ser la etapa más cruel. Siempre nos han dicho que la escuela te prepara para la vida, pero no es cierto: te da herramientas de conocimiento, pero no te prepara para muchas cosas que tienen que ver con la vida en sí. Aunque debemos darle un punto favorable: la escuela te inicia en la convivencia con personas muy desagradables, por lo tanto, aprendes a adaptarte. Están ahí, no puedes evitarlas y haces lo que sea para sobrevivir.

Tienes razón, yo fui y soy cero escuela, pero eso no significa que no me guste aprender; más bien es por temas personales que ahorita les voy a contar mejor. Cada etapa tiene sus pros y sus contras. La primaria es este descubrimiento de vida, cuando te das cuenta de que hay gente diferente a ti, que hay otros tipos de familias y personalidades. Para mí, la primaria fue una etapa muy cruel y creo que sigue siendo algo terrorífico para muchos niños por el simple hecho de que en la infancia no hay filtros y algunos niños son (o somos, me incluyo) muy crueles. Además, los adultos le festejamos las groserías a los niños o que "no se dejen", o nos da risa que diga "pinche pendejo", y nada de eso es gracioso.

Siento que el sistema educativo en nuestro país se enfoca mucho en señalarte qué hiciste mal y no qué hiciste bien o cómo puedes mejorarlo. Esto es hablando desde mi experiencia y también con lo que he observado en mis sobrinos y gente cercana; no estamos del todo contentos con la educación en la escuela, porque no hemos podido salir de ese paradigma de aprender o llegar a ser bueno por el temor a reprobar o que te señalen que estás mal.

Sí, te señalan más tus errores que tus aciertos y eso te vulnera delante de otros niños, que, como ya dijimos, no se van a aguantar las ganas de hacerte burla. Al menos en mi caso, pasé por la primaria bastante bien o de forma decente, pero en la secundaria… uy, no, yo fui una niña muy bulleada, pero bulleada feo: me encerraban en el baño, no quería regresar a la escuela, incluso me rompieron el pie. ¿Por qué? Por la sencilla y simple razón de que tenía sobrepeso. Mis inseguridades con el cuerpo comenzaron desde ahí: el hecho de que me asignaran papeles "de niña gorda" en una obra o con un disfraz es muy violento y contribuye a que otros tengan esa imagen de ti, una con la que pueden hacerte sentir mal.

Lo lamento mucho. Eran precisamente esas cosas de las que hemos hablado muchas veces, que los demás niños son crueles porque en sus casas no les enseñaron a respetar ni a ser empáticos y llegan a un lugar donde todos esos insultos se replican y hasta agregan más con tal de ver quién es el más bullie. Y no digamos que en la secundaria un niño no distingue el bien del mal, porque a esa edad claro que lo distinguimos y dañamos por dañar.

Sé que mis traumas con el sobrepeso vienen de esa etapa, ¡y está del ano, está DLV! Yo era una niña sometida a burlas muy crueles. Ahora veo a esa Vero de 12 o 13 años y digo: "Pobrecita, yo a esa edad no tenía que estarme preocupando por mi peso o por el de mis compañeras, sino solo vivir enfocada en ser feliz, ser niña".

En la primaria y secundaria construyes la base de muchas relaciones. Pienso que todo es por etapas y viendo hacia el pasado es cuando nos damos cuenta de quiénes éramos, de lo que sobrevive de esa época y lo que ya no. Tengo una anécdota muy chistosa. Hace tiempo hicimos un casting para un proyecto que al final ya no se dio, pero una de mis mejores amigas de la primaria fue y leyó una carta que yo le había escrito.

Ja, ja, ja, cómo olvidarlo.

Y bueno, la carta era dramatiquísima, la escribí a los nueve años y mis referentes del amor y la amistad eran los de la tele. Ahí me di cuenta de que las relaciones humanas van evolucionando de cierta manera para permitirte construir amistades que puedan perdurar. A pesar de que ella y yo no nos frecuentamos tanto, cuando lo hacemos recordamos a las dos niñas de esa época y es bien padre darte cuenta de que la vida cambia, tú cambias, pero hay amistades que permanecen. Las cosas que vivimos hace mucho tiempo ya las vemos desde otro punto y es revelador cuando puedes darte cuenta de quién eras y en qué te convertiste, si seguiste tus sueños, si cambiaste radicalmente de intereses, y cómo te sientes con eso.

Yo no tengo amigos taaan longevos, creo que los que hice y han perdurado son a partir de los 16 o 17 años, pero aprecio a quienes aún veo en redes sociales y me da gusto que les vaya bien. A diferencia tuya, me mudé muchas veces de casa, inclusive de ciudad, y eso hacía que, aunque los conociera y casi les jurara amor eterno en ese momento, fueran simplemente amistades, pero el concepto amigo como tal, no se desarrollaba. Creo que aquí habrá damitos y damitas que por distintas circunstancias de la vida han pasado por lo mismo y me entienden.

Claro, por eso hay que tener en cuenta que nuestras experiencias con otras personas en la escuela también dicen mucho de cómo damos amistad desde que somos niños, y que eso tiene que ver con lo que vivimos en casa: si nos mudamos, si nuestros papás no son muy amigueros, si en las fiestas o el primer día de clases somos los primeros en tratar de conocer a los demás. De manera positiva, el hecho de que haya alguien que te acompañe en la infancia hace que te sientas menos solo. Por eso pienso que algunas de mis amistades de cuando tenía seis u ocho años siguen conmigo porque compartimos una educación similar, creamos complicidad y se convirtieron en algo positivo de mi paso por la escuela. Y en tu caso, que pudieras disfrutar el momento y ser su amiga el tiempo que convivieran porque qué tal si al siguiente curso ya no estaban juntos.

Quizá lo hayamos platicado en otra ocasión, pero mi contexto de primaria y secundaria era bastante pesado: yo tenía compañeras que ya pasaban por embarazos adolescentes, por ejemplo. Ahora pienso que eso también me dio otra visión y me enseñó que el mundo podía ser así, pero también como yo quisiera que fuese.

Esas son situaciones que de repente te dan un golpe de realidad, porque te muestran que no todo es como en tu casa o tu salón de clases, es como si despertáramos cuando las cosas van mucho más rápido en el mundo.

La transición entre la primaria y la secundaria es una etapa en la que los adolescentes aprendemos de los adultos, pero le prestamos atención a puras cosas enejas, como si de verdad dieran risa. Te ponen apodos basándose en la burla: la cachetona, la chaparra, Dumbo, cosas súper ofensivas. Y si les dices que no te gusta que te digan así, se ensañan contigo. A nosotras, y seguramente a los damitos y damitas que leen esto, nos tocó vivir una etapa muy violenta. A nuestros papás les pegaron, a nosotros nos pegaron menos pero nos violentaban de otra forma, ¿y ahora? Pues hoy ya no se les pega a los niños, pero no es que hayamos dejado de lado la violencia o las faltas de respeto, es que todo eso ha mutado y ellos liberan su frustración y coraje de otro modo: ofenden e insultan.

Fíjate, es bien interesante porque al día de hoy creo que algunas personas hasta tienen una nostalgia de que nos golpeen e insulten, porque "la gente de ahora ya no aguanta nada". Estás mal, Ramiro, si tu argumento es que somos la generación de cristal por quejarnos de los maltratos, cuando el argumento debería ser "me maltrataron y no pude defenderme porque era niño; no lo extraño y no pienso quejarme de que hayamos medio evolucionado como especie".

La primaria es esa etapa en la que comienzas a aprender a socializar porque estás en grupos de 30 personas, y es súper eneje que algunos se relacionen desde el maltrato y el bullying porque es lo que traen desde casa.

Además del maltrato que hay entre compañeros, está el de los maestros y el de la familia. Creo que son pocas las familias que saben construir la personalidad de forma segura, sin caer en decirte que eres lo mejor del mundo y que los demás no saben nada. Como familiares, también debemos darnos cuenta de quiénes son nuestros niños y responsabilizarnos por su conducta, porque se supone que la aprenden de sus adultos cercanos.

Bueno, creo que yo puedo hablar desde lo que viví en el aula como alumna y también como maestra. Efectivamente, ya no se les regaña: tienes que hablarles con mucho cariño y amor, incluso como docente debes ser permisivo; no puedes exigirles que se ajusten a algo. Todo esto que estamos escuchando de que se está cambiando de una educación rígida a una de libertad, honestamente, no pienso que deba ser así. Para mí, los niños también necesitan reglas.

Es que estás diciendo algo importante: el hecho de permitirles todo no significa que sean mejores personas, simplemente van a hacer otras cosas; pero si aún hay bullying y temas muy serios porque se pelean, se burlan de los demás y son crueles, es que el problema sigue ahí pero como adultos ya nos lavamos las manos al decir que ellos son libres de tomar decisiones. Al final, si siendo adultos ni siquiera tenemos el criterio para no ser tan enejes, cómo lo va a tener alguien que apenas está adquiriendo herramientas.

Cuando yo estaba en la secundaria, recuerdo que me chocaba usar uniforme o tener que llegar temprano, pero ahora ya comprendí por qué era importante todo eso y que desde muy chiquita me ajustara a esas reglas que antes odiaba. Por ejemplo, aprendí la puntualidad y ahora soy alguien que no tolera la impuntualidad, porque sé que mi tiempo vale y el de las otras personas también. Todo esto tiene que ver con esas herramientas que me dieron de niña a través de las reglas, pero deben pasar muchos años y un buen de cosas para que al fin digas: "Ah, mis papás o mis maestros no estaban locos, es importante llegar a tiempo".

> **Frases de Bárbara**
>
> Si bien la escuela no tiene la obligación total de educar, sí te da las bases para construir el ser humano en el que te convertirás. Y cuando como adultos le prestamos más atención a eso, podemos ser de mayor utilidad.

Sí, y como adultos ahora vemos que la vida también se trata de sobrevivir. Primero, a conocer a un montón de niños que no se parecen a ti, pero quizá vayas encontrando afinidades con ellos; y segundo, a esas reglas que te imponen fuera de casa pero tienen utilidad aunque nos neguemos a admitirlo. Como dices, Vero: las herramientas de la escuela sirven para complementar las que deberías tener en tu casa, cuando ves que no todo mundo es como tú, pero hay que unificar los criterios de cada quien para que haya convivencia, o al menos no terminemos destruyéndonos.

Algunas reglas de convivencia escolar son tan importantes que para mí, que no soy un ser que ame la educación formal de una escuela, se convirtieron en parte fundamental para hacer las cosas por el simple hecho de que todos necesitamos orden hasta en lo más básico, como seguir una instrucción. Yo siempre necesité enfocarme, pero la manera en que lo hacía era muy mía, y me costaba un buen trabajar con el estilo de los demás;

sin embargo, vi cómo hacerle para adaptarme. Hoy entiendo mejor cuál es mi lugar en todo esto y me aplaudo porque, sin saber exactamente cómo, siento que lo hice bien.

Bárbara: Yo veo todo esto con mis sobrinos, porque no tengo hijos, y ahora sí puedo comparar la educación escolar que recibí hace ya algunos ayeres, con lo que ellos están viviendo. Puedo decirte que de verdad me molestan mucho dos cosas: la primera es que a los niños se les trate como tontos por el simple hecho de ser niños. La segunda es que no se les permita ser niños y de inmediato la sociedad quiera meterlos a las dinámicas de adultos. ¡Déjaloooo!, ¡déjaloooo, que no le va a pasar nada! Como adultos, les transferimos cosas de nuestra personalidad a los niños: ser estructurados, controladores, ansiosos, con poca tolerancia a la frustración. Sé que esto no se hace con el afán de dañarlos, pero me parece injusto no permitirles disfrutar la infancia, ensuciarse, equivocarse, ser ellos mismos sino convertirse en mini señores de siete años.

Me consta, como alumna y como maestra, que tiene que haber una reestructuración educativa. Muchos de nosotros estamos arrastrando las secuelas de cómo nos educaron y pienso que el mundo hoy tiene muchas más posibilidades, pero seguimos cerrados al tipo de educación de toda la vida. En el pódcast les he platicado mi experiencia dando clases, y si no se acuerdan, vayan al capítulo "El jefe más eneje". Yo entré a dar clases y había maestros y papás de mi edad con normas taaaan viejas, del tipo "tápate los brazos porque estás tatuada". Queremos hacer de la escuela un lugar lejos de la sociedad, ocultándole a un niño que hay gente tatuada.

Bárbara: Me parece muy tonto que lo digan con el argumento de que eso te resta autoridad, cuando en realidad estás enseñando a señalar que la identidad de la otra persona está mal porque tiene tatuajes o el cabello pintado de colores, o que si quiere ser maestro no puede verse de esa manera. El niño no va a ir a tatuarse ni a pintarse el pelo, el maestro es un adulto que tomó una decisión desde su libertad y conocimiento, ¿no puedes simplemente enseñarle que cuando la gente crece toma sus decisiones de acuerdo con lo que le gusta y le hace sentir bien?

Yo viví varias situaciones siendo una estudiante neurodivergente. Hace tiempo ni siquiera usábamos esa palabra, no teníamos en cuenta que puede haber muchos tipos de aprendizaje, cuáles van con cada niño y que podemos respetar cada uno porque no todos somos iguales y, por lo tanto, no aprenderemos de la misma manera.

Esto ya lo he contado en el pódcast en el capítulo "Maestros enejes" (vayan a escucharlo porque está muy bueno), pero tengo un trauma que se remonta a la primaria. Una vez no me dieron permiso de ir al baño y me hice pipí, me dejaron ahí meada, humillada, ¿eso no es violencia? ¿Por qué en las escuelas quieren hacer pasar el maltrato como forma de disciplina?

¿Recuerdas que, cuando grabamos ese capítulo, te dije que a veces los maestros se refieren a los alumnos de manera muy ofensiva?

Uf, los maestros. Hay unos que se dedican a señalar tus errores y nunca celebran tus aciertos, te destruyen la autoestima porque quizá piensan que replicando la forma en que ellos aprendieron tú vas a sacar lo mejor de ti, y yo creo que absolutamente nada bueno va a salir de un maltrato.

Sí, y más allá de señalarte lo que haces mal, hay faltas de respeto o invisibilización, porque el niño es divergente pero les resulta más sencillo regañarlo o ignorarlo, como si no mereciera la misma atención que los demás. Estás haciendo a un niño a un lado porque no aprende como los otros, a pesar de que tiene una enorme capacidad intelectual, solo que como profesional no sabes cómo guiarla. Y también es una realidad que existen maestros a los que no les gustan los niños.

Yo pienso que los papás deben saber defender a sus hijos, pero para eso tienen que conocerlos. Si tú, como papá o mamá, sabes que ese niño es terrible, que rompe todo, que si pudiera prenderle fuego a la escuela lo haría, ¿cómo vas a reclamar por un regaño, cuando en tu casa vive castigado? O todo lo contrario: si sabes que el niño se porta bien porque lo has visto en muchos contextos y estás seguro de cómo es la educación en casa, va a ser medio raro que de repente te avisen que tiene diez reportes y nadie lo tolera, entonces ahí hay algo malo a lo que como papá o mamá tienes que prestarle atención. Ninguno de nosotros somos monedita de oro y por eso la familia debe ser la primera en poner atención y decir: "Ah, sí, es travieso, asumo que se haya portado así y vamos a hacer algo al respecto en casa", en lugar de echarle la bronca al maestro sin escuchar las demás versiones.

Como maestra, me tocó ver muchas cosas. Entré a trabajar en una escuela después de la pandemia, tenía niños de 7 u 8 años que ni siquiera sabían bajar escaleras y yo me preguntaba qué cosas hicieron mal sus papás como para que les diera miedo eso, pero no se trataba de un error, sino que no tenían escaleras en su casa y ahora les tocaba hacer un simulacro. Esto era algo nuevo y desconcertante para el niño, y también para mí, porque mi pensamiento adulto y con herramientas de vida tenía que procesar las diferencias en una situación tan compleja.

Maestros enejes

Ambas: Pasar de la primaria a la secundaria es horrible por muchos motivos: tu cuerpo está cambiando, te están saliendo pelos donde no tenías, comienzas a oler muy feo, te cambia la voz, empiezas a sentir gusto pero también pena de ese gusto, tienes tus primeros encuentros amorosos y un montón de rechazos, y nadie te enseña cómo socializar. Por eso siempre vemos historias sobre lo complicado que es encontrar tu lugar en el mundo, ¡son años de confusión!

A los 13 ya te están diciendo que pronto vas a ser un adulto, te dan responsabilidades y ni siquiera las entiendes. Y como niña, comienzas a menstruar o menstrúas antes y hay mucha vergüenza por eso y por el cuerpo: te da miedo que te vayas a manchar, que se vayan a burlar de ti... todo está lleno de tabús. Los maestros te dicen todo con pinzas, y del sexo... uy, bueno, esas son las pláticas más incómodas y horribles que solo te llenan de inseguridad y a veces, en lugar de darte información necesaria, únicamente te desinforman. Si eres mujer, ¡ocúltate! Avergüénzate de tus pechos o de tus caderas, de tu cuerpo, de tus gustos, de ser diferente al resto. Haz de cuenta que no menstrúas, porque socialmente o a los ojos de los varones eso es muy feo y asqueroso, finge que nada te duele y sigue con tu vida en la que no eres ni niña ni adulta.

Yo recuerdo mi prepa como una etapa en la que te enseñan que ya eres un adulto porque ahí vas a cumplir 18 años. Yo estudié en una prepa abierta, entonces fue la primera vez que pude ser libre en la escuela, llevar la ropa que quisiera y poseer mi locker, eso ya era ganar en la vida. Al inicio lo hice muy bien: venía de la secundaria donde me bullearon mucho, pero en cuanto entré a la prepa abierta y probé las mieles de saltarme las clases y que nadie me dijera nada, valí, me fui a pique.

Basta de falacia: El acceso a la educación es un derecho humano fundamental, y a pesar de ello, al día de hoy 244 millones de niños y jóvenes de todo el mundo no tienen acceso a la escolaridad por motivos económicos, culturales o sociales. Esa cifra es el doble de la población de México.*

> **Frases de Bárbara**
>
> En la escuela, el hecho de que compartas con tus amigos o compañeros traumas o vivencias buenas te ayuda mucho a tener una base fuerte en tus relaciones, porque encontrarás afinidad con personas totalmente distintas a ti y en punto sabrás apreciar esas diferencias.

Sé que van a decir que no, pero soy una persona muy inteligente. Yo iba a hacer la prepa en dos años porque me ofrecieron eso debido a mis calificaciones muy altas de la secundaria. No era aplicada ni matada, pero mi promedio era casi de 10, y no lo fue por conducta; como les decía, empecé a disfrutar una libertad sin controlarla. Si no terminé la prepa en dos años fue por eneje estudiantil, por no ir a clases, pero pasé mis exámenes con buenas calificaciones y salí muy bien. Solo necesitaba enfocarme y conocer mis habilidades.

Claro, no tuviste la excelencia por falta de talento, simplemente no estabas para ese tipo de enseñanza tan estructurada. La realidad de ser estudiante en un país como el nuestro, y seguramente en muchos otros, es que ser diferente viene con una enorme carga o señalamientos. Y como dice una amiga: ser neurodivergente es para personas con muchos recursos, porque cuando no los tienes ni siquiera usan las palabras correctas contigo y tu aprendizaje, solo se refieren a ti como que no sabes, eres tonto o le das problemas a tus maestros y no sirves para la escuela. Es una realidad muy cruel de la que muchos formamos parte, ya sea por padecerla o por el simple hecho de no apoyar a quien la vive.

Aceptar las diferencias entre tú y tus compañeros es algo que si no lo aprendemos siendo niños o adolescentes porque no había una estructura a nuestro alcance, puede dañarte muchísimo en otros sentidos, como en tu seguridad, al sentirte insuficiente porque no reaccionas a la enseñanza como el resto del salón. Yo hasta que me di cuenta de que era neurodivergente entendí todo eso y también me perdoné por haber sido dura conmigo en muchos momentos. Agradezco a mis papás porque me dieron las herramientas para ser quien soy al día de hoy, por hacer un esfuerzo enorme para pagar una escuela privada, porque en la pública simplemente no iba a salir adelante porque no había espacio para alguien como yo.

Cuando no tienes la estructura ideal o la guía de un experto que pueda explicarte qué tiene tu hijo, también lo vas a señalar como que no sabe o no sirve para aprender, tan solo porque no aprende como todos los demás. Contigo y con otras personas he conocido toda esta parte de los distintos espectros en los que nos desenvolvemos, que hay que crear un entorno específico para aprender y que nuestro sistema viejísimo heredado de quién sabe quién no funciona para todos.

En mi caso, tuve que enfrentarme sola a muchas cosas que en mi familia eran desconocidas, como el inglés, porque mis papás no saben inglés y yo necesitaba aprender otro idioma, entonces tuve que enfocarme y me costó quizás el triple que a otros donde en el día a día y en familia eso es lo cotidiano porque tienen el bilingüismo desde chiquitos. Mi forma de aprender y mi contexto me hicieron ser quien soy actualmente. Creo que ya les había platicado que soy la primera graduada de mi familia, incluyendo las de mi mamá y mi papá, y esto fue un reto familiar, porque yo no tenía un referente para ir y preguntarle mis dudas o pedirle ayuda con cualquier cosa de la escuela. Sabía que estaba sola frente a eso y con todo y lo que implicaba tener tantas cosas en contra, lo hice porque quería hacerlo y porque sabía que no era imposible.

Mi adolescencia y pre adultez en la escuela fueron muy pesadas. Vengo de una familia súper estructurada y comencé a estudiar en una escuela de monjas que era solo de mujeres y de alto rendimiento. Pasé la infancia con muchas tareas, actividades, con horario extendido, con la exigencia de que todo debía ser de excelencia. Las calificaciones siempre las decían frente a otros en voz alta, y dependiendo de cómo te portabas tenías la posibilidad de la reinscripción o no, por eso tengo muy presente lo de los castigos públicos o que todo está mal contigo porque no eres sumamente excelente. O sea, exhibirte es igual a agresividad. Claro, yo sé que mis papás no lo hicieron con el afán de dañarme porque me odiaran, pero ese tipo de escuela me mantenía al límite de que todo debía ser perfecto y excelente y no podía serlo tan solo porque a mí me encantaba platicar. Después estuve del otro lado de la moneda porque en la prepa, que era mucho más relax, sentía que no me estaban enseñando nada y me frustraba horrible pensar que ya no tenía un reto.

Mi universidad también fue algo totalmente diferente a lo que conocía porque entré a estudiar a Cuernavaca, fui a una universidad donde conocí a gente bien distinta y mis relaciones también lo eran. Empecé un tratamiento psiquiátrico debido a una depresión muy severa, no tenía amigos, no sabía cómo relacionarme, pero la universidad me hizo ver que había personas diferentes, que yo lo era, que podía estar con ellos y ver otros contextos y creo que al final eso me enriqueció como adulta. La prepa, con todo lo que pasé al descubrir mi forma de aprendizaje, y la universidad, donde tuve que hacer todo por mi cuenta, me dieron las herramientas para enfrentarme a la sociedad desde otro punto. En esos dos lugares me di golpes de realidad, pero aprendí muchísimo de mí. Me siento muy orgullosa de que esa Vero fue parte fundamental de la Vero del día de hoy.

Todo lo que sucede en la escuela es muy valioso cuando lo vives porque te enseña cómo es el mundo al que poco a poco o de repente vas a salir, pero también cuando creces y te enfrentas a muchas cosas con las herramientas que hayas adquirido. Pero si esto no se complementa con una enseñanza positiva, respetuosa y con reglas en casa, esto va a valer. Quizá para nosotros que ya pasamos por la escuela esto sea anécdota, pero con nuestros sobrinos, hijos o niños con los que convivamos puede ser un consejo. De nada sirve que vayas a la mejor escuela si en tu casa te dicen que la maestra está loca, que eres intocable o siempre tienes la razón, el choque de dos tipos de enseñanza lo único que va a hacer es perjudicar.

Al día de hoy, que nosotras pasamos muuuchos años en la escuela y podemos verlo desde fuera, nos damos cuenta de que el sistema no ha cambiado lo suficiente para crear alumnos con muchísimas más herramientas educativas y emocionales, pero es que ninguna escuela, por más perfecta que pretenda ser, va a conseguirlo si no hay más voluntades, como la familia o la sociedad, haciendo el enorme esfuerzo de sacar adelante seres humanos funcionales.

Hay muchas cosas que cambiaría de todos mis años de educación: la rigidez de las maestras, mi poca convivencia con niños porque iba a una escuela de mujeres, todo lo que me exigí porque pensaba que así debía ser siempre, pero hay otras que de verdad me

---

Basta de falacia: En una recopilación de datos llevada a cabo por Unicef en 2019, se concluyó que algo más de 1 de cada 3 estudiantes de entre 13 y 15 años en todo el mundo sufren actos de acoso escolar.**

encantó haberlas vivido. Hoy, como adultas, está bien voltear a ver esos recuerdos y darnos cuenta de que nada era para tanto, de que con todo y los sietes y los seises el mundo sigue girando.

Bueno, y pasar tantos años en la escuela, desde el kínder hasta la carrera o el posgrado, tiene cosas muy positivas. Estoy convencida de que uno va formando su personalidad desde muy pequeño. De esa etapa saco cosas muy buenas, como el que a los nueve años vi mi primera película de terror porque una maestra de inglés nos la puso; mis compañeros se traumaron y yo dije: "Es mi momento, acabo de encontrar lo mío". Descubrí la música que me interesaba, en esa época era el metal, y viendo a las otras niñas de la escuela me di cuenta de que mi personalidad se iba hacia otro lado. Cabe señalar que yo no estaba deconstruida y me juntaba con más hombres que con mujeres, porque según yo ellos eran más cool, y al no tener hermanos mayores, encontré mis referentes musicales o de películas a través de personas que no eran de mi familia. En esa época descubrí qué me gustaba y qué no, cómo se perfilaría mi personalidad.

Cuando somos niños también descubrimos las cosas que nos motivan, y una de ellas es tratar de romper las reglas a través de la amistad: eres tú con tu amigo en contra de una figura de autoridad, de algo que no te gusta, de las decisiones de los adultos que a veces no comprendemos y no queremos respetar y que a la larga nos vinculan mucho más con quienes tenemos cerca. Muchas películas se basan en eso y nos sentimos identificados con ellas: todo lo que puede suceder dentro de la escuela se convierte en una enorme posibilidad, ¿de diversión, de pleitos, de amor, de fastidio?, eso no lo sabemos hasta que lo vamos descubriendo.

La escuela es el lugar de las primeras veces: de ir con tus amigos a un lugar, de descubrir qué te gusta, de estar sin supervisión, de las fiestas, incluso de pelearte. A veces, como adultos, se nos olvida que ser niño o adolescente

es fantástico y que estar en contacto con otros también es una aventura increíble que todos nos merecemos vivir en un ambiente de respeto, sin que la convivencia te genere inseguridades o ansiedad.

Uno pasa gran parte de la vida en un salón de clase (o volándoselas) pero no podemos negar que, por más regaños, castigos y reproches que hayamos vivido en ese templo del saber, la escuela también tuvo sus momentos memorables.

Yo quiero contarles dos historias de esa época de levantarse cuando no había salido el sol. Hace muchos años salieron unas tarjetas de cantantes y bandas musicales, yo tenía una de Marilyn Manson, otra de Limp Bizkit y una de Korn y las tenía pegadas justamente en la parte de adentro de la tapa de mi estuche de colores, que era el de ajedrez de mi papá. Cuando la maestra vio mis tarjetas mandó llamar a mis papás porque "Vero tenía actitudes extrañas". Lo bueno es que ellos ya medio sabían y me dejaban ser y tener mis gustos: llenar mi cuarto de pósters de bandas de metal, oír mi música, ver mis películas y ser yo misma. Eso estuvo muy padre y creo que definió mucho de mi personalidad.

Pero algo que más bien definió mi entrada no triunfal a una nueva escuela fue mi momento de la lonchera. La lonchera estaba bonita, era del castillo de Barbie, peeeero mi papá no brilla por ser puntual y ese día no podía ser la excepción. Cuando llegué, todos los grupos estaban en la cancha en la formación; yo quise pasar muy discreta e ir a formarme y, ¡nooo!, me tropecé y mi lonchera salió volando. Me caí delante de toda la escuela, rodé, mi desayuno rodó y durante largo tiempo fui la niña que se cayó en su primer día.

Yo también tengo una muy buena y es necesario que me imaginen con un uniforme de estudiante de colegio de monjas. Ya les había platicado que yo era muy buena estudiante, pero siempre estaba en la dirección por conducta, era platicadora y eso sigue hasta la fecha. En 5° de primaria, a mi mejor amiga Piña y a mí nos gustaba mucho mandarnos papelitos, pero un día se nos ocurrió mandarnos un recado al estilo de la poesía de Vero que comenzaba: "vas al baño, no hay papel y hueles a popó, ¡hey!". Más o menos así de poética y siempre debía terminar con un ¡hey! Era un poema escatológico y súper largo. De repente, el papelito desapareció y resultó que la maestra lo cachó, porque una compañera de esas que acusan por todo se lo había dado. Aunque la maestra dijo que lo había tirado ¡no era cierto!, lo leyó y nos mandó a la dirección. Ahí estábamos Piña y yo frente a la subdirectora, quien lo recitó palabra por palabra, con entonación, y terminó en un ¡hey! Oírla declamar valió todísima la pena y el castigo, ¡hey!

Especial la escuela

¿Qué anécdota se quedó grabada en el muro de los lamentos o del recuerdo de tus años como estudiante?

Vale la pena voltear al pasado y reconocer a tu yo infantil y todo aquello que vivió, es una reconciliación con quien fuiste porque gracias a ese damito o damita tú estás aquí.

> **Mi querida Bárbara colegiala:** relájate. Lo estás haciendo bien, disfruta la escuela, a tus amigos, no te estreses tanto por ser siempre la primera y no te lo tomes tan en serio. No tienes que demostrarle nada a nadie, tan solo disfrútalo porque después van a venir cosas muy padres y pasarán muy rápido. Todo lo que haces es más que suficiente.

> **A mi Vero estudiante:** aprende inglés, lo vas a necesitar. Y nunca olvides que tu imagen o tu talla no te definen. No estés al pendiente de cómo te ven las demás personas, olvida la idea de que al bajar de peso las cosas serán diferentes o que solo así serás feliz, porque eres increíble tal como eres. Tu seguridad vendrá cuando te des cuenta de la personalidad tan chingona que tendrás. Eres hermosa y no tienes que demostrarle nada a nadie. Te quiero mucho, Vero.

¿Qué le dirías a tu yo estudiantil?

Poesía de Vero

La escuela

Desde chiquitos nos llevan a la escuela,
ah, qué recuerdos tengo de ella:
buenos, malos, sándwich de Nutella…
que chingue a su madre la maestra
que siempre estaba en mi contra,
por más que yo daba lata
algún día yo escribiría en prosa…
mugre vieja chafa.

*Tomado de https://www.unesco.org/es/right-education
**Tomado de https://www.cndh.org.mx/noticia/dia-internacional-del-contra-el-bullying-o-el-acoso-escolar

CAPÍTULO 5

La vida laboral

¡**H**oliiiii, holi, hooooliiii! ¡Holi! Hablemos sobre la peor parte de ser adulto, pero recuerda que aunque sea la peor parte, depende de ti acomodar todo para que resulte lo más llevadero posible y que te dé el biyuyo para ser feliz.

La vida laboral ¡es horrible! Por un lado, puede tener momentos interesantes que te hacen tomar decisiones hacia la felicidad, o todo lo contrario: esas decisiones quizá te lleven a odiar lo que amas. La adultez se vuelve cada vez más compleja cuando inicias la travesía por el ámbito laboral, pero qué sería de nosotras si no hubiéramos pasado por experiencias que nos pusieron en este lugar, hablando de lo que más nos gusta.

Cuando te inicias en esto de trabajar, puedes escuchar un montón de consejos y experiencias, aunque solo aprendes cuando lo vives en carne propia. En la universidad de una u otra forma tienes muchos sueños y aspiraciones de las cosas que quieres lograr, y resulta que no: te das cuenta de que no todo es lo que te habías imaginado. Nosotras estudiamos Ciencias de la comunicación, como muchos de ustedes ya saben, así que platicaremos desde nuestra experiencia, que no es universal pero ha pasado por muchos tópicos... tópicos que pudimos comprobar. Así que si otro colega de Comunicación nos está leyendo: damito, damita, no te ofendas, sabes que mucho de esto es cierto.

Hay otras carreras que están direccionadas a algo muy concreto: si vas a ser dentista, sales como dentista y ejerces con los dientes de tus pacientes, lo mismo en una ingeniería o en Ciencias exactas, pero en nuestra carrera el espectro de posibilidades era taaan amplio, que ya en la realidad te dabas *cuenta de que no todo era cine, televisión y prensa. Una vez que terminas la carrera y empieza la vida laboral ves que no era tan fácil. Y a eso súmale el típico "si estudias eso, te vas a morir de hambre".*

Muchos de Comunicación hemos pasado por ahí. En mi caso, empecé a trabajar en una revista desde que estaba en la universidad, yo era fotógrafa y columnista. La verdad es que esa ha sido de las mejores experiencias que he tenido en mi vida, porque trabajaba en lo que amaba: la fotografía, y en mis otras pasiones, escribir sobre música y cine de terror. Les había contado que siendo adolescente descubrí lo que me encantaba, pero ¿cómo te dedicas tan joven a lo que te gusta? Yo pienso que buscando los espacios y dando el extra en cada cosa que te propongas, por eso al estar ahí yo vivía mi sueño y estaba convencida de que era lo que quería ser y hacer siempre. Pero todo lo bueno tiene sus aristas: para mi papá todo lo que yo estudiara e hiciera en ese momento era insuficiente o no le daba importancia porque sus expectativas eran otras. Comenzando porque me preguntaba cuánto ganaba.

Qué difícil. Creo que eso es típico de algunos papás: no toman en cuenta que a veces pasan años para que tengas un sueldo que te permita estar holgado, y si apenas estás saliendo de la uni, el dinero ayuda mucho pero no siempre es la base de tu trabajo, importa mucho lo que aprendes en ese primer contacto con la vida laboral, las herramientas que vas a adquirir y también las malas experiencias. Además, teniendo en cuenta la falacia de que con carreras como la nuestra la gente se muere de hambre, la presión de los papás es mucho más fuerte.

Sí, y la verdad es que yo me sentía muy bien en ese trabajo. Obviamente no ganaba mucho, yo le decía a mi papá que me pagaban los viajes, conocía gente, estaba haciendo lo que me gustaba en un ambiente en el que adquiría bastante experiencia, pero eso era insuficiente. Así que durante un año trabajé a escondidas sin que mi papá lo supiera, le decía que me iba de viaje con mis amigos, pero me iba a cubrir un evento, o decía que estaba en un concierto como fan porque me gustaba el grupo y la realidad era que había ido a sacar las fotos para armar la nota. Yo continuaba con mi trabajo a pesar de haberle dicho que no. Hay que tener en cuenta que muchas veces puedes amar tu trabajo pero hay otros factores que no te dan una ganancia inmediata, y eso pesa para la familia o incluso para ti. Cuando sales de la uni y te das cuenta de que debes estar de lleno en la vida laboral, también ves que quizá la carrera que escogiste no era la indicada para lo que buscabas.

Me parece súper agresivo y precipitado que ya desde la mitad de la prepa tengas que decidir qué quieres ser, a qué te quieres dedicar el resto de tu vida. A los 16, cuando tienes que escoger tu especialidad o área de la prepa, ni siquiera eres un adolescente funcional y ya tienes delante de ti una decisión muy importante; además, se espera que lo hagas muy bien y que te guste. Hay compañeros a quienes las pruebas de aptitud los orientan, pero una cosa es que salgas calificado para tal área y otra que seas bueno en la carrera o simplemente te guste. Por eso hay tantas personas que a media carrera se dan cuenta de que lo suyo no es la medicina y que quieren dedicarse al teatro, o que no les interesa una ingeniería y solo se ven felices estudiando gastronomía. Pasa mucho con las carreras artísticas, te preguntan a los 17 por qué quieres estudiar eso, de qué vas a vivir si a los músicos no les pagan (cosa que no es cierta pero viene de un prejuicio) y, ¡pérateeee!, ¡dale chance al chamaco de que averigüe!

Es muchísima presión en ese momento y cuando sobrevives a tu decisión y pese a todo estudias una carrera, después tienes que abrir los ojos a la realidad del mundo laboral. Busqué trabajo en cine, en televisión, en radio... y cada trabajo que conseguía era lo mismo con mi papá. Al final, le cumplí el sueño de estudiar una maestría en administración para quedarme con su empresa. Sí, damitos y damitas: también pasé por el área administrativa cuando estudié el posgrado. Con esa formación seguí teniendo más trabajos pero de forma esporádica, nunca permanecía mucho tiempo en ellos. Quizá me lo tomen a mal pero nunca he sido godín, yo nunca busqué ese modelo de trabajo y tampoco se dio porque no me visualizaba en una oficina, mi forma de ser choca mucho con esa estructura. Al final, he comprendido que hasta para trabajar todos somos diferentes y no pasa nada si no te ajustas a un modelo.

Totalmente lo opuesto a mí, que soy una persona de estructuras. Como les habíamos platicado cuando hablamos de la escuela, cada quien tiene un modo de desenvolverse en el mundo y el mío ha sido con todo súper bien planeado y bajo control. Disfruto estar en una oficina, detrás de un escritorio, con horario, porque así soy y me siento cómoda en esas dinámicas, aunque el día a día exige otras cosas o ya hay mayor diversidad en cuanto a los modelos de trabajo. Bajo esa premisa intenté incorporarme a la vida laboral, aunque al principio no me fue tan bien como me hubiera gustado. Pienso que si el día de hoy mi trabajo fuera godín y con todo lo que eso implica, no me sentiría decepcionada, porque creo que me organizo muy bien con los conceptos cuadrados del godinato.

Bueno, ahí les va el resto de mi historia. Como en ese momento no podía trabajar en lo que realmente quería, seguí estudiando. Tengo una licenciatura en Ciencias de la comunicación, una maestría en Gestión de la innovación, que está enfocada en administración y negocios digitales, y una maestría trunca en Educación. ¿Dónde está la Vero que decía que le chocaba la escuela? Pues aquí sigo, una cosa es que no me guste el modelo escolarizado o nuestro sistema de educación y otra que no me guste aprender, y a mí me encanta aprender. Así fue como se me dio dar clases a los 28 años y vino mi gran descubrimiento: tomé decisiones por mí misma, sin que mi papá estuviera de por medio. Me di cuenta de que amaba ser maestra, que me sentía orgullosa de haber conseguido ese trabajo sola sin ayuda de otros y que era feliz con lo que estaba haciendo. Para llegar a eso pasó muchísimo tiempo y tuve varias decepciones, pero las agradezco porque cada una me trajo a este lugar.

Algunas personas están en la misma situación en la que tú estuviste, no toman sus decisiones de acuerdo con sus pasiones o intereses, sino por lo que sus papás quieren o esperan para ellos, y en tu caso, que también cumpliste con una expectativa, eso no te alejó por completo de lo que te gusta. En muchas ocasiones, tus papás lo hacen porque quieren verte estable y se preocupan por ti, pero a la vez no te dan la oportunidad de experimentar e incluso de equivocarte, y es normal, toda carrera cuesta y la economía no está para ir saltando de una a otra. Es un tema muy complejo, los papás tienen esas formas de preocuparse o de vivir porque tal vez es lo que ellos aprendieron. También es lógico que quieran verte con el título a los 22 años y trabajando en la mejor empresa a los 25, ¿y si a ti no te gusta esa vida?

A mí me llegó (más bien lo busqué) este cambio de vida en el momento en que tenía que darse. Y al día de hoy me doy cuenta de que haber estudiado Comunicación, con toooodo y sus tópicos, fue una muy buena decisión. Parte de lo que es Damitas tiene que ver con esa formación y las herramientas de la carrera. No todos lo saben, pero mi sueño era ser locutora de radio, y en este momento el pódcast tiene algo de eso: desde la escritura del guion hasta la producción en la que estamos involucradas. Me siento bien porque estoy logrando vivir uno de mis sueños en un buen momento y lo disfruto muchísimo.

Al final, como tú y yo lo hemos platicado en muchas ocasiones, cada decisión te lleva a un lugar diferente, pero si son tomadas con interés y porque tienes ese deseo, eventualmente quedas donde te habías visualizado al principio. Hay gente que lo consigue a los 40, a los 50, otros que desde los 25 ya están donde querían estar, unos que no han encontrado su camino, y creo que todos somos diferentes pero nos pesa mucho esa competencia laboral que nos impone la sociedad incluso antes de incorporarnos a un trabajo o a una vida estable.

Nos han dicho tantas veces que necesitamos ser algo o ser alguien inmediatamente, cuando en realidad la vida es tiempo, y tiempo es lo que nos hace falta para llegar a ser lo que sea, independientemente del estatus o la percepción de los demás.

Estamos acostumbrados al discurso de que todos debemos vivir la vida que nos pintaron los medios de comunicación, los abuelos, los papás y cualquier otra persona que dice que debes pasar por la universidad, tener la carrera más exitosa y ser el mejor, conseguir un buen trabajo y, si se puede, llegar a jefe y luego a CEO o emprendedor que facture, casarte, tener hijos y ser feliz. Nos han dicho millones de veces que tu realización como ser humano depende de quién eres en el ámbito laboral, cuáles son tus reconocimientos y que todo eso debe ser acorde a tu ingreso económico, porque solo así serás una

---

Basta de falacia: El acoso laboral o "mobbing" es una práctica muy frecuente en ambientes de trabajo y va desde la desestabilización de tus tareas laborales, el ninguneo y las críticas mal intencionadas, hasta las agresiones más explícitas. Los daños pueden ser físicos y psicológicos, por eso hay que detectar el "mobbing" a tiempo.*

persona realizada. Y no: seguir arrastrando esas creencias lo único que hace es llevarnos a la frustración cuando algo de ese plan no se cumple. Puedes encontrar tu pasión a los 60 (ya jubilado o sin jubilación) y que esa pasión no esté relacionada con ser millonario, aunque si sí lo está, qué bueno, pero mucha gente abandona sus sueños con tal de seguir con los mandatos de la sociedad y de un mundo en el que parece que lo único valioso es producir para que todos los demás vean quién eres y dónde estás.

> **Frases de Bárbara**
>
> Aprender a valorar las profesiones y los oficios de quienes nos rodean significa que podemos crecer en un ambiente de respeto, porque ya entendimos que todos estamos aquí para algo y cada labor merece el mismo respeto.

Yo vengo de una familia que se exige muchísimo a sí misma. Siempre vi a mi mamá trabajar todo el tiempo, en la mañana, en la tarde, embarazada, cansada, haciendo de todo. Cuando mis hermanos y yo terminamos la carrera también sentíamos esa exigencia de incorporarnos a un trabajo inmediatamente, pero eso fue hace algunos años porque teníamos más presente el ejemplo de mi mamá y su sobreproductividad. Ahora que mi hermana menor está terminando su segunda carrera (porque estudió dos al mismo tiempo), mi pensamiento ha cambiado y le he dicho que se dé el tiempo de terminar bien la segunda y disfrutar el espacio entre graduarse y meterse de lleno a trabajar. Pienso que muchos de nosotros somos nocivos con nuestras decisiones porque imitamos las de otros, y en mi caso la dinámica fue seguir el ejemplo de mi mamá, siempre estar trabajando en lugar de tomar un respiro cuando era necesario. Por eso también es muy valioso conocer las experiencias de otros damitos y damitas que quizás hayan tenido hogares donde esto era lo común y ayuda saber cómo lo experimentaron, o quizá tuvieron el lado opuesto, cómo era estar en un hogar donde las dinámicas de trabajo eran distintas y equilibradas.

Creo que hay una adrenalina en sentirse lleno de actividades y sobreproductivo. Tú estudiabas en las mañanas y por las tardes ibas a inglés, a teatro, hacías esto y lo otro y al final, aunque ahora intentes darte esos espacios de descanso, vivir con una y otra actividad ya es parte de ti. No está mal, simplemente hay que reconocer que esos cambios pueden ser graduales, porque vienes de una forma de vida en la que siempre estuviste haciendo algo y exigiéndote dar el máximo.

Me pasaba que daba lo mejor de mí cuando estaba bajo presión, y eso no es sano. Luego me di cuenta de que era mi forma de relacionarme con el trabajo: sentir que se me va a acabar el tiempo, que voy tarde, que de mi parte del trabajo depende la del otro. Yo nunca te voy a decir que no puedo, voy a ver la forma de resolverlo. Al día de hoy sé que también hay que poner límites en eso o el trabajo se va a convertir en tu peor enemigo, y por más que ames lo que haces, llegará el punto en que odies no ese trabajo en sí, pero sí la forma en que lo estás desempeñando. No está mal reconocer que podemos cansarnos porque es totalmente lógico que suceda.

Siento que esto puede formar parte de la idea de compromiso que tenemos. Yo tampoco dejo las cosas pendientes. Como les platiqué en otro capítulo, no soporto la impuntualidad ni que no se respete mi trabajo, porque yo respeto el de quienes me rodean, pero he aprendido a darme el tiempo que necesito y a colocar mi estabilidad y bienestar en un lugar importante para mí. Cuando lo hice le encontré otro sentido a esto que tanto me llena.

En las escuelas deberían enseñarnos a administrar el tiempo y tener una relación sana con tus cochinos impuestos, además de orientarnos sobre cómo cobrar por el trabajo y a poner límites en ese ambiente, con los jefes, compañeros y hasta con las exigencias de uno mismo. Estoy segura de que muchos de ustedes han tenido primeras chambas espectaculares, pero no suele ser así para la mayoría, y la mía fue horrenda. Permití demasiadas cosas solamente por sentir que ya era parte de un trabajo. Para empezar, mi primer trabajo formal fue lejos de mi casa, en una ciudad a cientos o miles de kilómetros de donde soy. Me fui en malas condiciones, acepté la explotación a cambio de pequeños estímulos que solo me mantenían ahí aguantándome el malestar. Estuve dispuesta a cambiar por completo mi vida por un trabajo en el que yo era prescindible. No le echo la culpa totalmente al trabajo porque yo acepté, pero sí hay responsabilidad de quien te emplea en malas condiciones y sabe que tienes una necesidad económica, laboral o de crecimiento y se aprovecha de eso. Es una experiencia individual pero quizás otros damitos y damitas hayan pasado por esto, pero hay que acordarnos de que un mal momento laboral no determina que el resto de tu vida será así.

Esa es una historia que se repite una y otra vez. Es cierto que si se trata de tu primera chamba no vas a exigir lo mismo que alguien que lleva años haciendo bien su trabajo en el mercado laboral, pero hay empleadores que abusan de tu posición porque ven tus ganas de aprender y el desconocimiento que tienes de cómo funcionan las cosas. Sentimos mucha pena y no preguntamos si de verdad es así, si se cobra esto, si hacer lo otro es parte de nuestras responsabilidades. Es lógico que aceptemos muchas cosas porque somos nuevos, pero lo que no se vale es que cuando otro tiene el poder para explotarte, te explote. Para más momentos tristes y horribles de la vida laboral, escuchen nuestro capítulo de los Jefes enejes, un clásico.

Existe mucha presión en torno a desempeñarte perfecta y exitosamente en tu carrera cuando sales de la escuela, y también fue mi caso. Yo llegué a Comunicación porque creo que no fui lo suficientemente firme para estudiar Teatro, que era lo que me apasionaba. Me fui a lo más cercano y creo que sentí un poco la decepción en el rostro de mis papás cuando les platiqué mi decisión, porque hay familias, como la mía, que piensan que porque tus calificaciones son buenas estás destinado a lo más grande. ¿Por qué lo más grande tiene que ser convertirte en científico y no producir cine, hacer radio o trabajar en un medio de comunicación?

Al día de hoy, generar contenido en redes sociales ya se considera un trabajo, al menos para nuestra generación, aunque nuestros padres y gente de su edad no lo vean así, pero quienes iniciaron por esta línea también se enfrentaron a que los cuestionaran y les preguntaran qué tan útil era eso que estaban haciendo. Los clichés en torno a las carreras siguen vigentes, quizá no tanto como hace algunos años porque hay mucha salida en todas las áreas, pero en algunos círculos todavía hay estigmas sobre las carreras en el arte y medios digitales.

Totalmente. Y tanto tú como yo llegamos a Comunicación porque nos gustaba. Un locutor no vale menos porque decidió estar delante de un micrófono o haciendo una nota en una revista en lugar de construir edificios, y creo que es muy importante reco-

El jefe
más eneje

nocer (mientras antes, mejor) que todos tenemos distintas habilidades y esas son las que nos dan identidad. Sé cuáles son mis habilidades y respeto mucho a quienes tienen la capacidad de ir a un juzgado y trabajar con las leyes, o a los que se desempeñan como investigadores, humanistas o artistas. Del mismo modo, he aprendido a valorar mis habilidades en este y en muchos otros espacios donde me he desempeñado, pero ha sido resultado de un camino con altas y bajas.

Acabas de decir algo muy importante, y es que a veces creemos que tener una carrera, o dos, posgrados y demás formación nos aleja de la realidad, pensamos que el trabajo de uno es más valioso que el de otro, o que los trabajos manuales los puede hacer cualquiera, cuando no es así.

Ponernos por encima de los demás solo por un grado académico es una idea que nos han metido en la cabeza porque vivimos en una sociedad donde se compite todo el tiempo. Por ejemplo, sé que no faltarán personas que digan que hacer comedia es lo más sencillo del mundo, porque solo es cuestión de pararse y contar chistes. Estoy segura de que quien dice eso es porque nunca lo ha intentado, y si lo ha hecho, ¿cuánto tiempo puede captar la atención de alguien? ¿Cuánto tiempo lleva crear una rutina y repetirla y repetirla hasta que funcione y sea chistosa? Lo mismo si hablamos del cuidado de los niños: ser maestro no es para cualquiera, es un trabajo súper difícil que exige mucho de ti en todos los sentidos.

Desempeñarnos en redes sociales ha sido un descubrimiento enorme porque cada vez somos más conscientes de los prejuicios en torno a este trabajo: "solo prendes tu cámara y grabas", "no tiene nada intelectual", "solo dices cosas para hacer reír y ya", "ese trabajo podría hacerlo cualquiera", entre muchas otras cosas. Okey, pero es parte de todo lo que hacemos, de la manera en que hemos profesionalizado una habilidad, que es hablar en público; y otra, que es improvisar; y otra, que es administrar; y una más, que es

planear el contenido y vender nuestro trabajo y llevarlo a muchísimos lugares con gente totalmente distinta. ¿Ven? Y así podríamos seguir explicando en qué consiste nuestro trabajo, del mismo modo en que un cocinero puede hablar de todo lo que hay detrás del platillo que te sirve en su negocio, o una maestra de kínder que tiene a su cargo a niños totalmente diferentes entre sí y no solo los cuida, sino que los orienta para desarrollar su potencial. También es válido que cada uno de nosotros se reconozca de vez en cuando hasta que el respeto por nuestras profesiones sea lo más común, y que valorar el trabajo que desempeñamos no se sienta como un acto de presunción.

En esta vida todo requiere de vocación. Yo estoy segura de que escogí esta carrera por una vocación que estuvo en mí desde chiquita, y la verdad es que me siento muy bien con lo que he hecho, con las habilidades que he encontrado sin saber que estaban ahí y las que he ido potenciando con cada decisión.

La vida laboral también tiene lados positivos y de descubrimientos constantes. Yo me di cuenta de que tengo aptitudes para muchas cosas, aunque siempre me ha costado reconocer que lo que hago puede gustarle a otros, y eso fue a partir de relacionarme con más personas con distintos perfiles. Damitas me mostró que la habilidad de hablar de lo que me interesa y con mi estilo es un puente entre cómo me siento y quién soy, y las demás personas que nos escuchan y ven desde cualquier lugar y contexto.

Sí, ha sido todo un camino de experiencias que no nos imaginábamos. Nos enteramos del alcance porque ustedes nos lo hacen saber. Es un sentimiento bonito, la verdad, y siempre tratamos de ser recíprocas con quienes han hecho que este espacio crezca, porque sabemos que valoran nuestro trabajo.

El simple hecho de leer el mensaje de alguien cuando te cuenta que le has ayudado en momentos difíciles, en su depresión o a ver determinada situación desde otro punto es algo valiosísimo. Yo sentía que el hecho de ser un poco graciosa estaba bien, pero hoy, gracias a los damitos y damitas que están con nosotras en cada capítulo del pódcast o presentación, me confirma que comunicar tiene un poder muy grande y quienes nos dedicamos a esto decidimos qué enfoque darle. Cuando quisimos platicar un poco sobre nuestra experiencia en la vida laboral, no podíamos dejar de lado que nuestra actividad al día de hoy se ha nutrido de una comunidad que nos da mucho y que vio en nosotras algo que quizás estaba ahí pero necesitábamos de ustedes para que esto creciera.

A mí me ha tocado descubrir que todos venimos de una formación distinta y la vida laboral puede sacar tu lado más histeriquillo y el más eneje; o, al contrario, mostrarte que tienes la capacidad para hacer algo que antes ni se te hubiera ocurrido. A veces llegamos a un nuevo trabajo con la mente en blanco y toca tener la apertura y disposición para ese nuevo ciclo. Puede haber frustración, miedo, desconocimiento, pero hay una curva de aprendizaje que vale mucho la pena abrazar. Nosotras nos hemos diversificado a partir del proyecto y eso me ha alimentado mucho, porque he visto que puedo enfocarme en algo que es totalmente ajeno a mí y disfrutar el proceso.

Dentro de las cosas muy buenas y que agradecemos de haber elegido estudiar esta carrera fue conocernos, hacernos amigas y tener un proyecto juntas. Como ustedes saben, fuimos compañeras en la universidad y, aunque somos muy diferentes en muchas cosas, la amistad se dio y fue creciendo por el equilibrio entre todo eso que nos diferenciaba, pero también lo que sentíamos como una afinidad. Eventualmente, la vida nos llevó a ser Las Damitas Histeria.

Mi sueño no era empezar a ser conocida en este medio o en un entorno más grande, ni hacer presentaciones con tanto público que se ha ido sumando, mi sueño era estar delante de un micrófono como locutora en un programa de radio o escribiendo sobre música y cine de terror, pero se dio que ambas tomamos un curso de comedia porque tú me insististe en hacerlo y a partir de ahí comenzó la historia de Las Damitas. Tener una audiencia en redes sociales que se hace presente en eventos en vivo es increíble y ha sido resultado de trabajar mucho desde el inicio, aunque, como les decía, no fue planeado así pero se ha convertido en un sueño hecho realidad.

Yo había practicado teatro e impro durante algún tiempo, tú habías trabajado en medios, pero en el curso de comedia llevamos eso hacia otro tipo de expresión y nos dimos cuenta, y otros también nos lo señalaron, de que también podíamos hacer comedia. Y lo más importante: nos sentíamos cómodas haciéndolo. Aunque en ese momento no era una prioridad para ninguna, porque cada quien tenía su trabajo, yo era godín y tú dabas clases, la aptitud estaba ahí y solo necesitábamos enfocarnos.

Fue eso, y ahora que lo mencionas, yo veía en el curso una oportunidad para mi trabajo como maestra, porque podría desenvolverme mejor en mis clases si aprendía alguna técnica para hablar en público. Estaba pensando en las herramientas y resultó que, direccionadas de otro modo, funcionaron para algo que inicialmente no estaba en mis planes.

Después participamos en algunos concursos de comedia y aquí pasó algo muy curioso: nos dimos cuenta de que la comedia

Basta de falacia: Cada trabajo demanda tiempo, esfuerzo y habilidades. No todos pueden tener las mismas exigencias, pero eso no significa que las exigencias en uno sean menos válidas e importantes que las de otro.

es un medio difícil para algunas mujeres, al igual que muchos otros entornos laborales. Tiene sus altas y bajas, tu permanencia y estabilidad dependen de cómo lo lleves, qué herramientas tengas y cómo puedas lidiar con la suma de todo. En pocas palabras, es igual de tóxico o chido que muchos otros ambientes de trabajo. En esos primeros encuentros, supimos que en la comedia también podía haber oportunidades interesantes para nosotras. Al día de hoy, nos motiva ver que hay mucha diversidad en nuestro medio, tenemos compañerxs con carreras que admiramos porque hacen cosas muy interesantes, aprendemos de otras personas y quizás ellos también ven algo interesante en lo que hacemos; valoramos la reciprocidad y los momentos bonitos en el medio, pero todo ha sido producto de la constancia y de reconocer las cosas buenas y algunas no taaan buenas de este trabajo.

Eso también es importante: ver cómo otros pueden llevar sus carreras y aprender de sus decisiones y actitudes, las que sean que realicen y cómo sean. Como en otros trabajos, hay quienes no te pelan y nunca te darán la oportunidad, pero también hay gente muy chida que dice algo bueno de ti y te da consejos, y entre esos, alguien nos comentó que para funcionar en la comedia valía la pena generar contenido. En ese momento hacer comedia no era nuestra prioridad y yo estaba buscando trabajo porque acababa de renunciar al mío. Pero recuerdo que dijiste las palabras que definieron mucho: "Si voy a hacer comedia, va a ser contigo, porque no me siento en confianza con alguien más".

De ahí surgió la idea de crear contenido y luego del pódcast, porque era algo que a ti te llamaba mucho la atención y se relacionaba con tus demás intereses. Y siento que si hubiéramos entrado totalmente solas a un medio que es maravilloso pero a la vez muy voraz, nada de esto hubiera sido posible.

Somos creadoras de contenido y ahora estamos en un momento que nos gusta mucho, que es hacer un poco de comedia en distintos espacios, porque se ha ido dando y lo disfrutamos, pero como en cualquier profesión, algunas personas generalizan sobre "qué es ser creador de contenido o comediante". Por ejemplo, el mundo de la comedia también está lleno de lugares comunes, entre ellos, pensar que todos somos fiesteros o que hay cero formalidad en esto. Las experiencias ajenas están ahí y puedes tomar lo que quieras de ellas, pero al ser ajenas no definen quién eres ni hacia dónde vas. Nosotras somos conscientes de que lo que sea a lo que te dediques no dicta exactamente cómo te vas a comportar en sociedad, eso lo determinas tú. Como les hemos dicho: no tenemos la verdad absoluta de nada, y tampoco de los lugares comunes de un trabajo, pero siempre vale la pena observar y formarse un criterio propio.

A veces llegas a un entorno laboral sin buscarlo y sin darte cuenta. Nosotras tomamos ese curso, vimos que nos gustaba; yo ya había estudiado teatro e impro durante muchos años y a ti también te interesaba hablar en el micrófono por tu gusto por la radio, simplemente era cuestión de empezar a trabajar en ese formato. Recuerdo que mi novio me dijo que si ya estaba ensayando rutinas y trabajando en mi comedia, ya me dedicara de lleno, pero yo no me sentía totalmente segura porque estaba cómoda en mi trabajo de oficina, me gustaba ser godín. Además, en tiempos de pandemia, el trabajo formal me daba seguridad. ¿Se acuerdan de mi amiga Piña, la del poema ¡hey!? Pues ella estudió teatro y entre ella y mi novio me motivaron a dedicarle más tiempo a la comedia, pero yo no dejaba mi trabajo godín. Llegó un momento en el que

---

Basta de falacia: Tanto Millennials como Generación Z priorizamos aspectos que nuestros padres no tenían en cuenta a la hora de conseguir un trabajo, como el equilibrio entre el trabajo y la vida personal y la flexibilidad para movernos de empleo si es necesario.**

ya estaba en Damitas, seguía trabajando en oficina, estaba en otra agencia haciendo notas y daba clases de inglés.

La autoexplotación en su máximo esplendor. Y no querías dejar el trabajo godín, me acuerdo de que ya era muchísimo esfuerzo de tu parte y lo que puede parecer muy raro es que con todo te sentías bien, te gustaba hacer cada una de esas actividades.

Creo que hasta después, cuando tuve que dejar mi trabajo godín con todo el dolor de mi corazón, me di cuenta de que para estar bien en un ambiente laboral y en lo personal, debes soltar otras cosas. Siento que el universo me llevó a tomar ese camino que me daba mucho miedo, y la verdad es que me aplaudo por haberlo hecho, porque si no, seguiría haciendo un poco de todo, sin enfocarme al cien en una sola cosa.

Damitas nos ha dado mucho en todos los sentidos: nos ha hecho ver la amistad de varias maneras, incluyendo esta faceta de socias en un proyecto, nos ha acercado a muchísimas personas, hemos viajado, aprendido del medio en el que nos desenvolvemos, tener mayor autoconocimiento, gestionar nuestro tiempo... en fin, ha sido un camino lleno de aprendizajes. Lo que hemos ido aprendiendo es a darle más valor a nuestro trabajo, porque si nosotras lo menospreciamos, cualquiera se va a sentir con el derecho a decir que esto no vale lo suficiente. Como ya habíamos dicho, a veces en la sociedad demeritamos el trabajo del otro porque pensamos que es muy sencillo, porque cuando se siente que algo es tan fácil, cobrar resulta muy difícil. Si algo te ha costado mucho esfuerzo, no está mal aplaudirte un logro de vez en cuando.

Conforme creces, nadie te enseña que todo tiene un valor, desde un consejo, tu tiempo, tu atención, y por eso llega un punto en el que nos abaratamos en distintos ámbitos, incluyendo el laboral. Confundimos mucho que se nos regale una oportunidad con el hecho de que estamos trabajando. Y esto aplica en todos los ámbitos, no solo en el de exposición en medios.

Nos sucedió hace poco con una empresa muy grande que quería crear contenido e incluirnos. Nos emocionamos muchísimo y cuando alguien nos preguntó cuánto íbamos a cobrar, nos cayó el veinte de que no íbamos a cobrar porque la empresa enorme ni siquiera nos lo ofreció. Preguntamos y nos dijeron que no había paga, ni siquiera menciones en redes, querían el contenido totalmente gratis, y no porque no pudieran pagarlo, es una empresa enooooorme, sino porque no y punto.

Estaban usando nuestras ganas de hacerlo y que éramos un poco inexpertas en las negociaciones. Y ahí es cuando hay que tomar decisiones: a ver, estar ahí puede darnos visibilidad, pero nuestro trabajo vale, ellos van a ganar por eso ¿y yo no tendré ni una sola mención? Sabemos que ante algo tan seductor como que una marca enorme te llame vas a querer decir que sí porque los admiras y porque tienen presencia en todo el mundo, pero también es alimentar un sistema en el que se abusa de los creadores que van creciendo. Dijimos que no, muchas gracias, porque ante todo estaba el valor que nosotras queríamos darle a nuestro trabajo porque nos dedicamos a esto, vivimos de esto, y si nosotras no cobramos por nuestro esfuerzo y nuestras horas creando, estudiando y ensayando contenido, ¿quién le va a dar ese valor? Algo que también pudimos reflexionar sobre esto fue que si una empresa importante se interesó por nuestro contenido, es porque ven algo ahí, y de este lado nos toca trabajar más en ello y tratar de llevarlo a más personas.

En general, todos nosotros, independientemente de la profesión que desempeñemos, debemos trabajar más en nuestro valor, porque nuestro tiempo vale y debe ser remunerado con lo justo. En la comedia nadie se hace cómico de un día para el otro, aunque parezca que esa gracia la trae ya de nacimiento. Y no solo es tu tiempo laborando, es el tiempo que necesitas para descansar, tener vida social, familiar, sentimental, tener tu espacio limpio y en las condiciones que te gusta, todo es cuestión de tiempo y es lo único que no regresa, que nadie te va a devolver si lo regalas así nada más. Puede sonar muy fuerte o presuntuoso, pero es una reflexión aplicable a cualquier entorno laboral.

Tenemos que fijarnos en nuestros empleadores, en qué tan justos son y cómo puedes llegar a un buen acuerdo con ellos. Nos ayuda muchísimo ser honestos con el trabajo, no romantizarlo en exceso porque, como en cualquier relación, desde ahí comienzan los abusos. Nosotras hemos dejado ir cosas que podríamos hacer gratis por el simple hecho de hacerlas y disfrutarlas, pero sabemos que con esa acción perjudicamos a otros colegas, porque después ellos no van a poder cobrar lo justo por su trabajo; entonces sí hay un poco o mucha responsabilidad de cada quién en el medio en el que se desempeña. Nos toca aprender que el aplauso es muy bonito, es el elemento del artista, y precisamente por eso hay que darle el valor que tiene por medio de una retribución que le permita al creador seguirse preparando y, ojalá, vivir de ello. El trabajo creativo y artístico, como los deportes profesionales, también tiene los clichés de que si te gusta hacerlo lo compartes por el simple hecho de desempeñarlo, pero sigue siendo un trabajo y, como tal, debe haber un pago que pueda darle una ganancia a quien lo realiza, en lugar de ser un hobbie caro.

A veces tardamos años en sistemas y medios laborales tóxicos y cuando por fin vemos que podemos desempeñarnos en un lugar donde te respetan, te pagan lo justo, ese es el punto de quiebre para saber que la vida laboral también puede ser increíble. Si bien en este mundo hay mucha desigualdad económica y todos tenemos necesidad, quizás esto no cambie de la noche a

la mañana solo por desearlo, pero podemos aportar para que haya mayor respeto por el trabajo y el tiempo ajenos. Al día de hoy no damos nada por hecho, seguimos poniéndole el mismo esfuerzo que en el día uno, con la diferencia de que hemos ido aprendiendo cosas en el camino y tomamos decisiones que vayan de acuerdo con el tipo de carrera que queremos tener y donde nos sintamos en un espacio seguro.

Es importante reconocer que lo que hacemos tanto ustedes, damitos, en el lugar que se encuentren, como nosotras, vale mucho, ya sea asistir a alguien en las tareas que a unos les parecen muy sencillas y no lo son, como cuidar a una persona o ser una figura pública y tener presentaciones en escenarios de renombre. El hecho de que unas profesiones sean aplaudidas y otras no, como ser futbolista o estar detrás de un monitor editando el contenido de alguien más, depende de la exposición y no necesariamente de sus capacidades. Muchos hemos estado en esos lugares haciendo nuestro mejor esfuerzo y ya va siendo tiempo de que abracemos el empeño que le ponemos al trabajo y sea cada uno de nosotros el que le dé el valor que se merece. A veces en sociedad se nos olvida que reír es necesario, y lo mismo platicar de ciertos temas en un tono nada solemne, que es lo que buscamos hacer en Damitas, lo que felizmente llamamos NUESTRO TRABAJO.

> **Frases de Bárbara**
>
> Todo mundo tiene algo que enseñarte y habla mucho de cada uno de nosotros estar abiertos a las aptitudes de alguien que es completamente diferente a ti.

A veces llegamos en blanco a esta parte de la vida que es el trabajo. Hay muchas cosas que ojalá alguien nos hubiera dicho antes de firmar el contrato, pero

Especial vida laboral

Me hubiera gustado que alguien me dijera que el trabajo...

Vero: No siempre me va a hacer feliz. Desde chiquito te dicen que si te dedicas a lo que te gusta vas a ser feliz, pero a veces, por más que tengas un trabajo que ames, hay momentos en que es trabajo, te estresas, hay responsabilidades y no te gusta.

Bárbara: Lo que uno quiere que sea. Muchas veces depende de uno estar en el lugar que quiere o no moverse de ahí a pesar de que no nos gusta. Para que las cosas sucedan, tienes que poner de tu parte, porque ni el aumento, el nuevo empleo o los compañeros espectaculares llegan mágicamente. Depende de que seas parte activa de tus circunstancias y cambios.

Ahora te toca a ti, damito o damita: ¡desahógate a gusto!

Me hubiera gustado que alguien me dijera que el trabajo es…

Para formar tu vida laboral sana (o sufrir un poco menos en el intento), ayuda mucho ser honesto con uno mismo, saber cuáles son nuestros talentos, cómo podemos potenciarlos y llegar a vivir de ello. Te invitamos a que te sinceres con nosotras:

- ¿Qué me gusta? La enseñanza, comunicar, la oratoria, bailar, el arte en todas sus formas, la poesía, la pintura; amo el cine de terror y la música; el jazz, los museos, aprender sobre culturas y su historia.
- ¿Para qué soy buena? Para dar clases, en la cocina (aunque no me gusta, lo que cocino me queda bien); con la creatividad, pero solo no si debo pasarlo al papel; expresando mis ideas, comunicando, recordando información (aunque para otros no tenga sentido), con el trato hacia los demás y con los juegos de mesa.
- ¿Cómo puedo aprovecharlo? Mis habilidades me han servido para dar clases, negociar y comunicar, porque he logrado generar una empatía con las personas que nos escuchan.

- ¿Qué me gusta? El teatro, cantar, los idiomas, hacer ejercicio, leer, la creatividad.
- ¿Para qué soy buena? Creando estrategias, memorizando conceptos e información, optimizando criterios y pensamientos, en la escritura y con la ortografía.
- ¿Cómo puedo aprovecharlo? Como se me facilita generar información y su salida en forma de estrategias, he podido trabajar en marketing, con campañas y venta de ideas. Ahora crearlas es parte de mi trabajo en Damitas.

Damito o Damita:

- ¿Qué me gusta? _____
  _____
  _____
  _____
  _____
  _____

- ¿Para qué soy bueno? _____
  _____
  _____
  _____
  _____

- ¿Cómo puedo aprovecharlo? _____
  _____
  _____
  _____
  _____

Poesía de Vero

¡Oh, mi querido escritorio!
Te amo aunque esta oficina parece sanatorio.
Gafete, pluma o Excel,
¿qué traerá esta vez la vista desde el cancel?
Rosita de Sistemas ya no me trae chisme,
¡ni mi cajón tiene más bisne!

*Tomado de https://appweb.cndh.org.mx/biblioteca/archivos/pdfs/acoso-laboral-mobbing.pdf
**Tomado de https://es.linkedin.com/pulse/millennials-y-generacion-z-el-impacto-en-la-nueva-cultura-nobili-gxirf

CAPÍTULO 6

Yo: histeriquillo, eneje o amor bonito

¡**H**oliiiii, holi, hooooliiii! ¡Holi! ¿Qué les parece si dejamos esa falacia que conocemos como el amor propio y empezamos a hablar del amor bonito? ¿Y eso qué es? Empezar a vernos como el mejor ser humano con el que podemos estar. Una vez que lo comprendemos, qué mejor forma de pasar nuestra vida con nosotros mismos..

Las páginas se nos han ido casi sin darnos cuenta, porque así se siente cuando estás en una conversación con alguien que te cae bien y platican sobre esta vida adulta y sus montones de cosas. Las Damitas Histeria surgió como un proyecto de dos amigas que teníamos ganas de hablar con otros damitos y damitas, y poco a poco se fue convirtiendo en una comunidad que nos ha dado muchísimo. Las conversaciones en el pódcast, en redes sociales o en persona nos han hecho ver que todavía estamos en construcción, con lados buenos y otros que podemos mejorar.

Pensamos que hablar de uno mismo es fácil, que podemos ponernos en el centro del universo, pero cuando de verdad hablamos sobre nosotros, quiénes somos, qué nos molesta o duele, cuáles son esos puntos débiles que detonan en cualquier momento sin que podamos evitarlo, todo se vuelve más complejo. Nos damos cuenta de que no somos tan buena onda o seguros como nos lo imaginábamos, y ahí es cuando puede salirnos el lado más histeriquillo.

Pero ¿qué tiene de malo ser histeriquillo? Absolutamente nada, tan solo es producto de las circunstancias y de cómo nos hemos construido con el paso del tiempo. Oímos la frase: "No seas histérica, no exageres" y nos sentimos *mal porque lo asociamos con algo negativo, cuando en realidad, tener lapsos histeriquillos es bastante común, ni bueno ni malo.*

Lo hemos platicado un poco hace algunos capítulos: al día de hoy, somos adultos marcados por las inseguridades que adquirimos siendo niños y se fortalecieron en la adolescencia. Ser inseguro es inevitable. Puedo afirmar que no hay una persona en el mundo que haya crecido libre de inseguridades, porque vivimos rodeados de tantas cosas y tanta gente, que algo chiquito puede marcarte para siempre; puede ser una mamá que te dijo que metieras la panza, un papá que te dijo que estás bien eneje por no hacer algo como él esperaba, una maestra que te señaló tus errores pero no tus aciertos, y eso lo vas arrastrando durante años hasta que decides trabajarlo. Por eso, cuando hablamos de uno mismo con total sinceridad, es inevitable que salgan a flote nuestros miedos e inseguridades.

En un mundo con esas condiciones, la ansiedad está a tope y dejamos ver nuestro lado más histeriquillo. Yo pienso que eso sucede cuando te desconectas de ti mismo y la histeria sale desde lo más profundo, donde tus inseguridades tienen mucho peso. Somos histeriquillos con los celos, con el miedo a equivocarnos, por la presión de sobresalir porque eso es lo que se espera de nosotros, por sentirnos insuficientes y el simple hecho de estar vivos y convivir en sociedad nos pone en esa posición. En varias ocasiones les he hablado de las burlas que recibí por mi peso cuando era niña, y al día de hoy, que me amo mucho y he trabajado en quererme, en ver valor y belleza en mí, como sé que existen valor y belleza en quienes me rodean, no puedo dejar de lado que recibir señalamientos por mi físico me vulneró y generó una inseguridad en la que he estado trabajando. Pero justo ahí está el cambio, si es que lo quieres llevar a cabo:

enfocarte en cambiar esas inseguridades por fortalezas no es un trabajo sencillo, requiere de un esfuerzo enorme y de mucha voluntad, de ver tus distintas facetas y abrazarlas, y si puede ser con el acompañamiento de un experto, mucho mejor.

¿Y sabes qué? Yo siento que ni siquiera en los contextos donde te cuidan y te dan todo puedes librarte de ser inseguro, porque también existe el miedo a fallar y eso te lleva a convertirte en un histeriquillo. En el caso del físico: si te "empoderan" afirmándote que eres el más hermoso, con el paso del tiempo o fuera de esa zona, o con el simple hecho de que tu tipo de belleza cambie, no podrás convivir cuando no sea así para todas las personas o cuando no veas aquello que te acostumbraste a ver. En ocasiones nos cuidan tanto, que cuando crecemos con miedo al error o a romper las expectativas que han puesto en nosotros, generamos una frustración muy grande e inevitablemente somos los reyes de la inseguridad. Lo primero que hay que hacer es reconocer nuestras inseguridades, no para quererlas, sino para decirnos que existen y podemos convivir con ellas.

Hoy en día tenemos más normalizado hablar de la ansiedad y eso ya es un gran avance. Antes solo te decían que eras histérico o estabas exagerando, pero creo que mientras más en contacto estemos con esas partes de nosotros que no nos gustan, mejor conoceremos nuestros puntos débiles y también las fortalezas. De una inseguridad viene un momento histeriquillo que, si se repite una y otra vez, te va a dificultar vivir en un mundo donde no tengas control absoluto sobre las cosas. ¿Y quién es el dueño de las acciones, palabras y decisiones de los demás? Obviamente no podemos contra la forma en que el otro viva, pero sí con la manera en que hacemos frente a distintas adversidades.

A veces nos exigimos demasiado porque otros ya nos están pidiendo desde muy chicos que demos el extra, y como siempre, vemos el error al no cumplir con sus expectativas, cuando también vale la pena decir: "Espérate, una cosa a la vez porque si no, voy a reventar". Nosotras siempre vamos a recomendarles que vayan a terapia, que prioricen su salud mental y traten de evitar contextos donde la ansiedad y las inseguridades sean muy evidentes y dañinas, pero también hay que aprender a darnos una palmadita en la espalda porque, pese a todo, lo estamos haciendo bien.

Ni tan histeriquillo ni tan eneje. Ojalá pudiéramos encontrar un punto medio o de estabilidad en el que nos sintamos seguros, donde podamos confiar en los otros, pero sin dar todo al punto de salir heridos; en el que los límites existan, pero sin ponernos una armadura contra cualquier manifestación de cariño y preocupación del otro. Nada de esto va a suceder si no te conoces a ti mismo y reconoces qué te vulnera pero cuándo tú vulneras a alguien más, y hacer ese ejercicio de honestidad es tan difícil que pensamos que es imposible y lo dejamos de lado.

Entre la histeria y la enejitud hay muy pocos pasos. ¿Te suena la frase "prefiero hacerle antes de que él me haga"? Escogemos el camino de la enejitud porque el miedo a que nos dañen forma parte de una enorme inseguridad.

Volverte tu peor enemigo también está en pensar que eres único e irrepetible pero en exceso, que nadie más puede ser como tú. Una cosa es tener buena autoestima y otra creerte superior a los demás, porque con ello solo refuerzas tus inseguridades y pasas de ser histeriquillo a un enejazo social. Es cierto que nuestro contexto inmediato y la educación que recibimos desde chiquitos influye en esto, pero también con el paso del tiempo las actitudes se refuerzan y se convierten en parte de la personalidad. ¿Cuántas veces hemos perdido oportunidades laborales, de amistades, incluso sentimentales por creer que nadie nos merece? O al contrario pero igual de dañino: podemos sentirnos tan poquito, que dejamos pasar las mismas oportunidades, desde las de trabajo hasta las de conocer gente nueva.

Ser histeriquillo y eneje van de la mano, aunque parezca que están en polos opuestos. Eres histeriquillo cuando una persona te hace algo una o más veces y explotas, y ser eneje es cuando le haces algo a la otra persona sabiendo que vas a lastimarla. La línea es muy delgada y en ambos casos hay un daño de por medio. Todos queremos ser los pobrecitos y nadie quiere ser el villano de ninguna historia, nos justificamos diciendo que si actuamos así fue porque hubo un trasfondo y no tenemos la honestidad de decir que la regamos, aun sabiendo que eso que hicimos estaba mal. Y está el otro lado: ¿cuántos de nosotros hemos sido víctimas de alguien más y no lo aceptamos porque nos educaron creyendo que así es la vida, sufrir es lo que te toca y ni modo? A cada uno de nosotros nos falta tener mucha responsabilidad en nuestros actos.

Pero ¿qué sucede cuando crecemos y somos conscientes de que le estamos haciendo mal a alguien, que bulleamos a propósito o que somos violentos? ¿Cuál es nuestra responsabilidad en esa enejitud? Ahora, como adultos, nos toca pensar un poco más en todo esto para tratar de ver señales y no repetir patrones.

El reconocimiento a la enejitud es un camino por el que pocos quieren andar. Más allá de reconocerlo, te toca tomar acción, siempre y cuando te interese cambiar de enfoque.

> **Frases de Bárbara**
>
> Asumirte como alguien que se equivoca, lastima y puede ser una terrible persona es lo más difícil del autoconocimiento.

Depende mucho de nuestra educación asumirnos como víctimas de todo mundo o entender cuándo eres víctima de los más enejes y cuándo estás en un momento histeriquillo. Cuando yo era niña y me molestaba con mis papás o mis hermanos, les robaba dinero. Ja, ja, ja, sí, ahora me da un poco de risa porque ya lo he trabajado en terapia y no era cleptómana, me robaba cinco o diez pesos, pero había un trasfondo en mi pensamiento infantil, y es que yo pensaba que con eso ya estábamos a mano. Pero luego tenía culpa y usaba ese dinero para comprarles dulces y regalárselos, creyendo que así otra vez estábamos a mano con mi "buena acción". Y lo cuento porque también desde niños pensamos que somos víctimas y buscamos esa forma de lastimar, aunque el otro ni en cuenta porque no le dio importancia a lo que pasó. El problema no se arreglaba, mi robo seguía existiendo pero en mi imaginación ya se había hecho justicia. Ahora, en un contexto adulto, actuar de esa forma sigue siendo con la intención de hacerle mal a alguien sin hablarlo ni buscar una solución. Entonces, si tú quieres desquitarte porque el que te la hace te la paga, lo único que va a suceder es que te la volverán a hacer y así seguirás en un daño infinito y cada vez más nocivo.

Vivimos en una época en la que hemos comenzado a hablar de muchas más cosas que para nuestros abuelos, padres y hermanos mayores no tenían lugar: priorizar la salud mental, reconocer que los abusos "sutiles" siguen siendo abusos, que cuando alguien se pasa de eneje no tenemos necesidad de soportarlo, que está bien reconocer nuestras vulnerabilidades y muchos

---

Basta de falacia: Si las conductas de los demás o el contexto en el que te desarrollas te están afectando, lo ideal es que recibas apoyo terapéutico. Según datos de la Organización Mundial de la Salud (OMS), 4% de la población mundial padece actualmente un trastorno de ansiedad. Acudir por un diagnóstico a una institución pública o privada es de vital importancia.*

otros ejemplos. Nos hemos construido de muchas experiencias buenas y malas, de ver ejemplos de todo tipo en otras personas, de motivarnos con las historias de alguien más y de reconocer qué nos gustaría tener a largo plazo y qué no.

Todos tenemos momentos histeriquillos y enejes. Cuando los oímos de boca de otras personas nos ponemos en el lugar semiperfecto en el que no nos equivocamos ni haríamos algo así, pero todos hemos tenido muchos errores que no reconocemos, y es más sencillo ver al otro y señalarlo. Quizá por eso funcionan algunos programas en los que ves el más mínimo error de alguien cuando a ese le parece lo más natural del mundo ser mala persona y traicionar, porque todos en algún momento hemos hecho lo mismo en mayor o menor medida. Si nos interesa cambiarlo, hay que reconocer que somos histeriquillos y enejes, y ayuda muchísimo darnos cuenta de qué estaba sucediendo en nuestra vida para reaccionar así, porque entonces, cuando volvamos a estar en una situación similar, ya podremos decidir si volvemos a ser histeriquillos o enejes o si buscamos una vía mucho más pacífica para seguir adelante. Y sobre esto: hay circunstancias que quizás estemos exagerando y no tendrán repercusión si las hacemos a un lado, y otras que son abusos que no deberíamos permitir, pero necesitamos tener la cabeza fría para analizarlas y ponerlas en el sitio que les corresponde.

Tocamos este punto en el capítulo de la amistad. A veces sucede que la persona que genera cambios en su vida trata de ponerse por encima de los demás porque ya salió de ese lugar de errores y cae en el peor, que es el de señalar desde la superioridad moral. O sea que sigue siendo un eneje pero reformado. Los enejes reformados pueden ser esas amistades que no necesitas en tu vida: qué bueno que se dio cuenta de sus errores y quiso salir de ellos, pero que no venga a querer señalar a todos por hacer algo que él hizo muchas veces, y no por el afán de que los demás estén bien, sino porque a él le da más superioridad moral sentirse intachable.

Muchos de sus testimonios nos han ayudado a reconocer nuestras fallas y aceptar que pasamos por momentos histeriquillos y enejes. Así como empatizamos con alguien que ha sido víctima, podemos reconocer en quien fue eneje todas esas conductas que hemos repetido sin darnos cuenta, o peor, sabiendo que hemos hecho sentir mal a alguien. También coincidimos en que todo aquel que se considere perfecto o amigo de todo mundo es una gran red flag andante. Podemos decir que actualmente vemos las cosas con los lentes de la sororidad, nos hemos deconstruido o estamos en el camino de hacerlo más a consciencia, pero eso tampoco puede cegarnos cuando una chava mete la pata o hace algo que ética y obviamente está mal.

En resumidas cuentas: un ser humano consciente puede partir de no ser cul3r0. Para más referencias, escuchen nuestro capítulo "Fan de su relación", a ver cuántos de nosotros nos reconocemos en esas situaciones que hemos señalado en los demás.

Cuando reconoces tus momentos enejes y el contexto en el que se dieron y tienes la disposición de cambiar, ha llegado el momento de tener una plática seria con uno mismo. A muchos, alcanzar ese punto puede parecernos doloroso, porque comienzan a salir otra vez las inseguridades, los puntos vulnerables y lo incómodo. Estoy segura de que no habrá peor villano o persona que te juzgue más que tú mismo. Como persona con ansiedad, sé que es bien doloroso sentir que te equivocaste en algo, a diferencia de quienes no padecen esto, no ves el error con objetividad y tu primer impulso es culparte en lugar de trabajar en él con calma.

Fan de su relación

Haces un doble trabajo, porque tienes que analizar qué sucedió, pero te cuesta muchísimo dejar de lado ese sentimiento que después puede convertirse en una obsesión. A mí me pasa con menos frecuencia, pero me ha sucedido y, como dices, es difícil salir de ahí si ya tienes una lucha contigo misma y con la situación.

Lidiar con los sentimientos de culpa también es un martirio que requiere de un trabajo basado en reconocer qué sucedió y qué importancia tiene eso en tu vida.

Llega el punto en el que tienes que ponerte un freno y aceptar el error sin que se convierta en una batalla que no puedas manejar. A través de estas páginas les hemos dicho, damitos, damitas y damites, que si hay algo que no les gusta de su pareja, familiares, amigos o trabajo, lo hablen, que inicien ese diálogo si el otro no quiere hacerlo, pero que busquen un acuerdo. Entonces ¿por qué no hacerlo con uno mismo? ¿Por qué no decirte que, si ya metiste la pata y reflexionaste, también puedes salir adelante? Te conviertes en la persona más ocupada con tal de no tener esa plática contigo mismo. La relación más sana y bonita que deberíamos tener es con nosotros, es disfrutarnos en soledad sin tenerle miedo a las voces que nos habitan, porque esas siempre van a existir, pero depende de cada uno qué te dirán las voces, si te seguirán recriminando algo o te harán sentir bien en esos momentos donde solamente estás contigo.

En ocasiones, uno se cierra en su dolor por la vergüenza que te da haberte equivocado y tener una explosión de histeria o enejitud y simplemente no salimos de ahí. Sucede que no ofrecemos disculpas al otro porque nos cuesta trabajo, y si lo hacemos, no nos disculpamos con nosotros mismos y preferimos evitar tal lugar, persona o actividad porque nos quedamos enganchados en el error. Un ejemplo fácil: te excediste en una fiesta y ahora cargas con la vergüenza de algo que dio risa o se puso feo, pero a lo mejor no pasó de ahí y tú sientes que fuiste el peor y que a partir de entonces tu vida se acabó.

En terapia he trabajado mucho en reconocer de qué sí soy responsable y qué impacto tiene eso en mi vida, sin minimizar ni exagerar. Me ha ayudado muchísimo ofrecerme disculpas por las veces que he sido muy dura conmigo o me he regañado por cosas que no están en mi poder. De verdad, he salido de terapia con un peso menos de todo lo que estuve cargando cuando me eché la culpa por algo que quizá sí hizo daño pero yo lo maximicé.

A veces pienso en lo que pasó y vivió mi Vero del pasado y cómo fueron sus decisiones y veo mucha culpa ahí. Es lógico, sucedió de acuerdo al momento y con mi experiencia de ese entonces, pero hoy con aprendizaje de por medio mis herramientas han cambiado.

Echarte la culpa siempre no te ayuda a crecer ni a ver tu potencial en otras cosas. Imagínate: tu primer amor fue un enejazo que te hizo daño, se portó como el mayor de los idiotas, no tenía nada de empatía y eso te hizo sentir tan mal, que en lugar de ponerlo en el bote de basura que le corresponde, decidiste no confiar en nadie y dejaste pasar prospectos que pudieron ser muy buenos, por el miedo a salir dañada. Te entiendo, es normal, todos hemos estado ahí pero la vida no se acaba por una mala experiencia. Conforme pasa el tiempo, hay muchas cosas que nos negamos por el miedo a equivocarnos de nuevo, a hacer daño o que nos dañen, en lugar de detectar el error y no cometerlo una vez más, o que si lo cometes no sea tan dañino y puedas aprender de esa experiencia.

Y vamos así por la vida, negándonos cosas porque en algún momento eso nos salió mal o quedamos mal delante de otros;

crecemos en edad y vida social, pero seguimos atrapados en el momento, dejamos de disfrutar o aprender. Hay una película mexicana muy buena que se llama *El incidente*, se las recomiendo mucho.

Siento que podemos salir adelante de casi todas las situaciones adversas, pero requiere de muchísimo valor, autoconocimiento, ganas de trabajarlo en ti para que no te haga daño y ¿tenemos todo eso? No puedes cambiar el pasado y una mala experiencia, pero sí sacar un aprendizaje y convertirlo en fortaleza.

En ocasiones pensamos que olvidar nos ayuda a seguir adelante, y puede ser que sí funcione porque si pasaste por algo tan difícil y traumático, es un peso que puede paralizarte y hacerte daño, pero a eso también hay que darle tiempo para después verlo con los ojos del aprendizaje.

¿Qué tanto te quedas en lo malo del pasado o qué tanto estás romantizando algo que sucedió hace mucho? Pongo un ejemplo: pensemos en la persona que se queda atrapada en un amor de la secundaria porque ese fue el mejor momento de su juventud y creyó que la chava que le gustaba en segundo era el amor de su vida, pero creció y no pudo tener una relación sana porque su mente permaneció atrapada ahí, aunque ahora sea un adulto que no trató de relacionarse con otras mujeres porque ninguna se parecía a ese amor juvenil.

Hay que ver todo el panorama: el error, la histeria, la enejitud, el daño, el momento por el que pasábamos, nuestra decisión, haber sido duros o permisivos con nosotros mismos y si quisimos o no seguir adelante y en qué condiciones.

Naturalmente, el ser humano debería tener cambios con el paso del tiempo y vivir con todos sus errores y aprendizajes, disfrutar el momento, perdonarse, soltar y sentirse pleno con la versión actual. Pero no. Nos cuesta mucho encontrar un punto medio o de bienestar, siendo que todos merecemos estar bien. Las glorias y dolores pasados deberían ayudarnos a construirnos como mejores personas, no ser un peso que nos impida evolucionar y vivir satisfechos.

> **Frases de Bárbara**
>
> ¿Cómo te reconstruyes a partir de tus errores y dolores y no echas todo en la mochila que estás arrastrando y solo se convierte en un ancla al pasado? Nos gusta pensar en que los errores y aquello que nos hizo daño son una enorme roca y tú decides si la llevas a cuestas o te paras sobre ella para alcanzar un escalón y ver tu vida desde otro punto.

Hay un pokémon del que todo mundo habla y no todos lo conocemos, aunque digamos que sí: el amor propio. Siendo honestos, el camino para alcanzarlo está muy romantizado y mal ejecutado. Hemos escuchado mil veces que primero debes quererte para querer a alguien más, incluso nosotras se los hemos dicho, damitos y damitas, porque es cierto; sin embargo, si nos quedamos sentados esperando que las condiciones se den para que hallemos el amor propio y por fin podamos compartir quiénes somos, plenos y maravillosos, con alguien más, nadie tendría pareja. ¿Por qué? Porque nadie se ama todos los días. Una cosa es el amor propio y otra el amor propio idealizado, que es súper nocivo en la construcción y deconstrucción de uno mismo. ¿Qué sí existe? El amor real.

A veces los medios de comunicación nos saturan diciendo que debemos despertarnos amándonos al máximo, aceptando cómo somos y queriéndonos un chingo, cuando a veces no es así: despiertas y no te sientes pleno, no quieres verte en el espejo, no te amas, y eso también es válido porque como seres humanos tenemos altas y bajas. No estaremos plenos, felices y empoderados siempre, eso también hay que aceptarlo y reconciliarnos con ello para después, cuando sí nos amemos, podamos hacerlo con mayor calidad.

Tenemos que estar conscientes de que el amor idealizado en el otro nos hace daño, pero en uno mismo también, y duele bastante. Vale mucho la pena cambiar ese concepto por el amor real, el que existe con todos los errores y matices que nos identifican y en los que podemos trabajar. El camino al amor propio es algo que todos tenemos que vivir, pero no olvidemos que un amor real es el que existe, está en el respeto y la aceptación.

Me parece importante lo que dices. Existe la idea generalizada de que el amor propio está ligado con la onda física por el hecho de que tienen mucho que ver, pero lo veo más ligado con la vida misma, con amarte siendo tú. Por ejemplo: lo que para algunos puede parecer irrelevante, como salir del clóset, tiene muchísimo valor porque una persona está asumiendo quién es y cómo se siente, está pidiendo respeto a su identidad y dando un paso importantísimo. Esto lo veo como amor propio, y más aún, como amor real. Para mí el amor real es poder reconocer quién eres y estar bien con eso. En mi experiencia, esto ha sido redescubrirme, saber qué me gusta, qué me duele, cuáles son mis heridas, mis traumas y en lo que debo trabajar para estar bien. Lejos de verme al espejo y echarme flores porque me siento hermosa y tengo un cuerpazo, hoy mi camino al amor propio y el amor real es verme y abrazar todo lo que forma parte de mí, esos matices y errores, convivir con ellos consciente de que puedo mejorarlos.

Ahora que hemos estado cambiando de hábitos, tú y yo hablamos de eso. Nuestros cuerpos son así y durante mucho tiempo nos costó trabajo amarlos exactamente como son, pero hoy comprendemos que una forma de quererlos es darles cuidados, lejos de llevarlos a una imagen física que nos han vendido los medios de comunicación y la sociedad. El amor propio a través del amor real está precisamente en esta realidad de vernos al espejo y sentirnos bien, quizá no diario pero sí con más frecuencia; en agradecer que podemos bailar porque nos encanta, que podemos hacer ejercicio también porque nos gusta, que podemos comer algo que nos da placer, que podemos amar, ser amadas, vivir con plenitud. Para mí eso tiene más valor hoy, porque he pasado por mucho para comprenderlo.

El mundo no es para tibios ni para simplistas. Decir que el amor propio se da cuando le echas ganas es dejar de lado todo lo demás que forma parte fundamental de ti, como tus miedos y traumas. Pero también hay algo importante que son las decisiones. Todos deberíamos poseer el libre albedrío para decidir qué hacer con nuestra vida (sin dañar a otros) y que nos dé felicidad, que nos haga sentir bien con nosotros. Cada quien tiene un concepto diferente de plenitud: para unos puede ser viajar por el mundo; para otros, tener una casa y formar una familia; y para alguien más, operarse las bubis o la nariz, y ninguno es mejor o peor que otro ni significa que no te amas porque modificaste tu cuerpo o preferiste ser madre y quedarte en casa criando a tus hijos en lugar de andar de país en país. Amarnos puede ser tomar una decisión trascendente, o darte dos horas de manicure porque te encanta hacerte las uñas, y todo eso está bien si forma parte de tus ideales.

Basta de falacia: Aprender a cuidarse nos lleva a mejorar la relación con uno mismo, y hace poco la UNICEF publicó un manual de autocuidado disponible para lectura en línea. Tiene información interesante.**

Y amarnos también está en la forma en que nos hablamos. Nosotras empezamos a reflexionar sobre esto cuando nos dimos cuenta de que nos hablábamos muy feo, cada una se regañaba a sí misma como si estuviera normalizado regañarnos o decirnos cosas hirientes, y en realidad lo estaba porque crecimos con eso. Venimos arrastrando inseguridades, la histeria y enejitud ajenas y la falsa idea de que hay que ser firmes con una misma para que las cosas salgan bien. Luego nos dimos cuenta de que, por más que una le echara porras a la otra, dependía de cada quien cambiar esa percepción de sí misma, abrazarse y reconciliarse con las vulnerabilidades para construir una versión de amor y respeto.

Frases de Bárbara

El camino hacia el amor propio es individual, personal y parte desde lo que uno quiere para sí mismo.

El último año ha sido de cambios enormes para mí, desde mi separación y divorcio, regresar a la soltería, ver una versión de Vero que ya se me había olvidado y estar en contacto con la persona que soy y que se construye llena de amor y respeto. Hoy por hoy puedo decir que mi amor propio a través de mi amor real no es el fin de mi construcción, sino el camino.

Y tanto en tu caso como en el mío y los de muchos damitos y damitas, el amor propio no es una meta sino una forma de vida. El hecho de que no tengas la versión espectacular de ti mismo que una vez te imaginaste no te limita para hacer otras cosas. Nos llenamos de presión física, emocional, laboral y en muchos ámbitos y pensamos que cuando por fin estemos en ese momento ideal, tendremos la felicidad que tanto estábamos esperando. Y así se nos va el tiempo, hasta que la vida nos da una patada en la cola y nos coloca frente a la realidad. Al final, tu mejor versión es la que disfruta las experiencias y oportunidades sin sentirse culpable.

Conforme pasa el tiempo, uno aprende a escoger sus batallas y pelearlas, a sanar las heridas y salir adelante poniéndose como prioridad. Puedo decir que mi forma de sanar ha sido escuchándome, creyendo un poco más en mí sin vivir a través de las demás personas, que fue como me educaron. Hoy sé que mi educación machista no iba a definir el resto de mi vida, lo que sí lo hará es conocer mis límites, potencial y emociones, y es quererme de una manera sana.

Yo pasé muchos años creyendo que tal problema sería problema o recompensa de Bárbara del futuro y no me daba la oportunidad de disfrutar el momento precisamente por la ansiedad de que todo saliera bien después. Ahora estoy con el aprendizaje de darme mi tiempo, equivocarme sin recriminarme y no ver mis errores como enemigos. Por eso digo que amor propio también es descansar, ser pacientes con nuestros procesos y sentir que cada día puedo quererme y tratarme bonito.

Nadie puede permanecer estático porque, la vida sería muy aburrida. Una vez que te conoces y te quieres, cuando te caes mejor, te retas a seguir viviendo, a conocer a otras personas y emociones, aprender de ello y continuar con tu camino, pero consciente de que cada paso necesita tiempo.

La frase "un día a la vez" cobra más vigencia con el paso de los años. A veces tenemos conductas muy dañinas y adictivas, iguales o peores que las sustancias, como las que nos producen ansiedad, porque nos hemos acostumbrado a vivir al límite con tal de producir y producir. Pero la vida no es una competencia, la vida tendría que ser abrazarnos de vez en cuando y sin prisas, lo que va a ser será, podemos buscarlo pero no precipitarlo.

Amarnos hoy es el trabajo más difícil. Hay días en los que puedes darte todo el amor del mundo y otros en los que eso no es posible. ¿Sabes qué, damito o damita? Si un día no te quieres a plenitud, no pasa nada. Pero recuerda que la única persona que puede darte ese amor de calidad eres tú, la única que te llevará al amor propio a través de un amor real está frente al espejo y la única que puede ser tu peor enemiga en momentos de histeria y enejitud, también vive detrás del espejo.

A nosotras nos llena el corazón platicar con ustedes, aunque no tengamos la verdad absoluta, pero a través de sus palabras y experiencias nos hemos nutrido de algo muy valioso que nos cambió la vida y nos dio herramientas para apapacharnos con más cariño que nunca. Aprendimos a abrazar nuestra histeria y enejitud, a encontrar ese punto de equilibrio y perdonarnos cuando metemos la pata, a buscar instantes de reflexión y sentirnos bien en soledad, pero nada de esto sería posible si no estuviéramos acompañadas. Nuestro amor bonito está en poder compartir todo esto.

Si dejamos de romantizar la perfección y nos concentramos en querernos con todo lo que traemos detrás, la vida se siente más ligera. Por eso nos gusta pensar que el amor propio bonito es lo más valioso que podemos construir.

Especial
amor propio

Vero's Version:

Mi amor bonito es levantarme por la mañana, escuchar una de mis canciones favoritas, caminar, ir al gimnasio, hablar con mis amigos, pasar tiempo de calidad con mi hermana y las personas que quiero. Mi amor bonito es expresarme y decir lo que siento, disfrutar el trabajo que tengo y el amor que recibo, vivir mi lucha por conocerme y enamorarme de mí misma, tener mis metas (como escribir un libro) y saber que las puedo lograr.

Bárbara's Version:

Para mí el amor bonito es descansar, comer a mis horas, vitaminarme, darme tiempo para todo lo que siempre trato de hacer a la carrera, no juzgarme tan duramente por cosas que ya pasaron, encontrar espacio para hacer lo que me gusta, leer y cantar. Hoy mi amor bonito es tener un hobbie que me permita ser yo únicamente para mí. Es dejarme consentir, permitir que me quieran y me apapachen, como cuando yo quiero y apapacho a otros; es abrazarme cada vez que lo necesito y reírme de felicidad. Mi amor bonito es sentirme cómoda con lo que me gusta.

Damito y Damita's version:

Poesía de Vero

¿Quién debería ser mi mejor amigo?
¿Quién debería querer estar conmigo?
¿Acaso soy yo ese que miro?
Ya viste esa panza, ve el lunar. ¡Olvídalo!,
 ve qué grande está mi tobillo,
porque al parecer soy mi peor enemigo.

Debo dejar de ser eneje
y empezar por uno mismo,
ya basta de que me esté queje y queje,
mejor me amaré con absolutismo,
porque las Damitas me han enseñado
 que yo debo ser mi mejor amigo.

*Tomado de https://www.who.int/es/news-room/fact-sheets/detail/anxiety-disorders
**Tomado de https://www.unicef.org/elsalvador/media/5036/file/Manual%20de%20Autocuidado.pdf

¡Holiiiii, holi...!

Esto no se acaba a pesar de que las páginas están por terminarse. A cada uno de los damitos y damitas que se entusiasmaron con este libro, muchas gracias por haber llegado a este punto, después de tantas risas, reflexiones, confesiones y andar con nosotras en el camino, siendo parte fundamental de Las Damitas Histeria. Ustedes son los mejores fans: ¡han hecho algo increíble al formar una gran comunidad!

Gracias por darnos la oportunidad de abrir un poco más nuestro corazón como no lo habíamos hecho antes. Este libro, además de querer hablar un poco más sobre la enejitud, también ha sido catártico para nosotras al reflexionar cuáles han sido todos esos fantasmas enejes que nos han seguido desde chiquitas. Que la conversación quede plasmada en un libro hace que de una u otra forma estas damitas se sientan orgullosas de ellas mismas porque nunca nos imaginamos llegar tan lejos.

Compartan estas páginas con cualquier persona que necesite identificar al eneje en su vida, porque de esos hay en todas partes y lo mejor que podemos hacer es alejarnos de ellos... a menos que el gran eneje esté frente a ti, del otro lado del espejo.

¡¡¡Besos en sus colas!!!

Diccionario Damitas

Acto del fornicio: sexo

Alto/alto: grande del verbo grandeza

Chacal: hombre delicioso de barrio

Chokis: tributo que le daba la rata que no plancha a Vero

Churrería: cena fina, quesito y carnes frías

Cuca: zona íntima

Dato duro: dato inventado o sacado del TikTok

El áspero: el anastasio

Eneje: pendejo

Estúpidaing: persona que "cae" en las mentiras del perro cochinoing

Falacias: mentiras, patrañas

Hermana: wey

La canción del adiós: holi holi

La porquería: el engaño

La rata que no plancha: ex de Vero

Loquear: dormirse tarde teniendo el acto del fornicio

Paralelo: modo tieso, sin palabras

Perro cochinoing: eneje máster que hace la cochinada

Ramira: representación de todas las mujeres enejes

Ramiro: representación de todos los hombres enejes

Reicon: mapache en idioma Vero

Soltera: como está Vero

Sushi: comida cara

Tibio: enemigo público de las damitas. Dícese de persona que no sabe lo que quiere

Tribilín: trío

Ufa la trufa: algo muy exquisito

Esta obra se terminó de imprimir
en el mes de febrero de 2025,
en los talleres de Grafimex Impresores S.A. de C.V.,
Ciudad de México.